GUIDE

DU MILITAIRE ET DES FAMILLES.

INSTRUCTION PRATIQUE

CONCERNANT LA

CAISSE DE LA DOTATION DE L'ARMÉE;

PAR E. BEAUVISAGE,

SECRÉTAIRE DU CABINET DU DIRECTEUR GÉNÉRAL DE LA CAISSE DES DÉPOTS ET CONSIGNATIONS,

Auteur du *Guide du Déposant à la Caisse de retraites pour la vieillesse.*

Prix : 75 centimes.

PARIS,

LIBRAIRIE MILITAIRE.

J. DUMAINE, LIBRAIRE-ÉDITEUR DE L'EMPEREUR,

Rue et passage Dauphine, 30.

Se trouve aussi chez le concierge de l'hôtel de la Caisse des dépôts et consignations, rue de Lille, 2, et chez tous les libraires de province.

1856

GUIDE

DU

MILITAIRE ET DES FAMILLES.

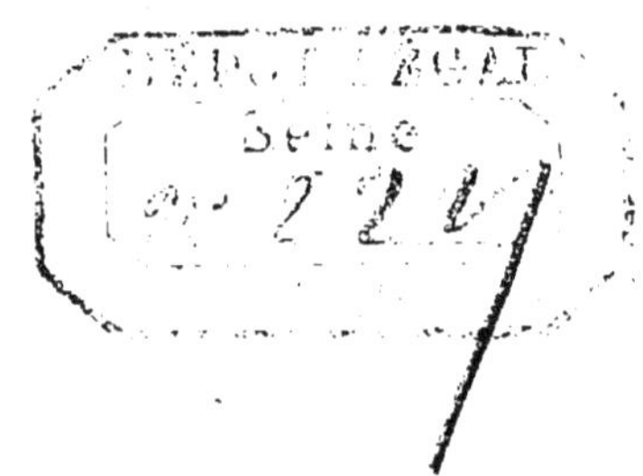

Imprimerie de COSSE et J. DUMAINE, rue Christine, 2.

GUIDE

DU

MILITAIRE ET DES FAMILLES.

INSTRUCTION PRATIQUE

CONCERNANT LA

CAISSE DE LA DOTATION DE L'ARMÉE

PAR E. BEAUVISAGE,

SECRÉTAIRE DU CABINET DU DIRECTEUR GÉNÉRAL DE LA CAISSE
DES DÉPOTS ET CONSIGNATIONS,
Auteur du *Guide du Déposant à la Caisse de retraites pour la vieillesse.*

PARIS,

LIBRAIRIE MILITAIRE,

J. DUMAINE, LIBRAIRE-ÉDITEUR DE L'EMPEREUR,

Rue et Passage Dauphine, 30.

Se trouve aussi chez le Concierge de l'hôtel de la Caisse des dépôts et consignations, rue de Lille, 2, et chez tous les libraires de province.

1856

DE LA

DOTATION DE L'ARMÉE.

Depuis la mise en vigueur de la loi du 21 mars 1832, qui a si puissamment organisé l'armée française, l'attention du législateur a été souvent attirée sur les abus qui résultaient du mode de remplacement individuel consacré par cette loi.

A la suite des événements de 1840, qui soulevèrent des craintes de guerre, le maréchal duc de Dalmatie signala ce côté faible de notre organisation militaire. Deux projets de loi furent présentés successivement aux Chambres, en 1841 et en 1843, mais ne furent point adoptés. En 1847, un troisième projet fut discuté à la Chambre des pairs, et malgré le talent du rapporteur, M. le général vicomte de Préval, qui concluait à l'adoption, le mode de substitution et de remplacement proposé fut repoussé par la Chambre, après une longue discussion. En 1849, enfin, un projet de la loi sur l'organisation de la force publique fut présenté à l'Assemblée nationale sous les auspices du général de Lamoricière. Ce projet, renfermant des dispositions relatives au remplacement militaire qui différaient essentiellement de celles contenues dans les trois projets précédents, fut rejeté après de vifs débats.

Il était reservé à l'initiative et à la puissante volonté de Sa Majesté Napoléon III d'abolir complétement un système décrié par tous, et qui cependant avait résisté pendant vingt ans à toutes les tentatives faites par divers pouvoirs pour le modifier. La loi du 26 avril 1855 a définitivement supprimé la *traite des blancs*. Un nouveau mode d'exonération du service militaire a été établi. La dotation de l'armée a été créée.

La dotation de l'armée a principalement pour objet de conserver sous les drapeaux un nombre plus considérable qu'autrefois d'anciens soldats, en faisant désormais pour eux une carrière du service militaire, qui n'était jusqu'alors qu'un impôt. Pour obtenir ce résultat, la loi constitutive de la dotation offre aux sous-officiers et soldats, qui, après les sept années de service obligatoire, veulent rester dans les rangs de l'armée, des avantages tels que leur existence puisse être désormais exempte de privations et leur avenir assuré.

La caisse de la dotation reçoit à cet effet des individus qui veulent s'exonérer du service des prestations en argent, au moyen desquelles elle paye à ceux qui les remplacent diverses allocations telles que primes, annuités et hautes payes, et se trouve, en outre, en mesure de faire face à l'accroissement du chiffre des pensions, dont l'époque d'entrée en jouissance, par droit d'ancienneté, est avancée de cinq ans par la nouvelle législation.

Le remplacement n'est plus individuel comme il l'était par le passé ; l'État traite à forfait avec les individus voulant s'exonérer. L'existence des compagnies, qui s'interposaient jadis entre les remplaçants et les remplacés, est, en conséquence, devenue inutile ; des abus criants se trouvent ainsi supprimés. Ces compagnies, qui ne se préoccupaient naturellement que d'une seule chose, leurs bénéfices, ne payaient aux gens qu'elles racolaient qu'une faible part des sommes reçues par elles comme prix de remplacement. Le rapporteur de la loi au Corps législatif évalue à 42 millions les sommes payées annuellement par les familles à ces compagnies, tandis que les remplaçants ne recevaient d'elles que 18 millions.

Les chances de procès, de faillites étaient grandes avec les compagnies ; l'inconduite des remplaçants ou leur désertion dans le cours de la première année étaient aussi des causes d'anxieté pour les familles.

Sous le nouveau régime d'exonération, plus de chances à courir ; la caisse de la dotation de l'armée ne fait pas de bénéfices, elle doit seulement éviter de faire des pertes, dont l'Etat qui garantit ses opérations aurait à supporter la charge. Le prix d'exonération, fixé chaque année dans des formes légales, est calculé de façon à représenter la prime de rengagement ou de remplacement, augmentée des frais occasionnés par le payement des hautes payes et le supplément de pension de retraite auquel donnent droit plusieurs rengagements successifs. Il suffit d'en verser le montant dans une caisse de l'Etat pour obtenir un titre libératoire.

En même temps que les familles trouvent une plus grande sécurité et une économie notable à traiter ainsi directement avec l'Etat, le militaire qui se rengage ou le remplaçant, touchent, pour leur engagement, une somme plus forte, comparée à celle payée par l'exonéré, que la maigre portion que leur allouaient les compagnies, sans compter les hautes payes et l'accroissement du montant de la pension de retraite.

La prime de rengagement offerte par l'Etat, et dont la loi a fixé le minimum à 1,000 fr. pour les rengagements de sept ans, après les sept dernières années de service obligatoire, est prudemment divisée par le législateur en trois portions : la première payable lors du rengagement, la seconde payable à la volonté du conseil d'administration, soit en même temps que la première, soit à toute autre époque des sept années de service à accomplir, et la troisième à la libération définitive du militaire.

La portion de prime qui n'est pas payée comptant est employée par la caisse des dépôts et consignations en achat de rente sur l'Etat, et conservée dans le portefeuille spécial de la dotation de l'armée, jusqu'au moment où le militaire libéré du service en vient réclamer le montant. Il peut alors la recevoir sous cette forme de rente, ou bien toucher la somme en espèces, s'il veut la faire valoir dans une industrie quelconque, ou bien encore la transformer, dans la même administration, qui gère aussi la caisse de retraite pour la vieillesse, en un livret de cette caisse, pour se constituer une rente viagère à l'âge de cinquante ans ou plus tard.

Par le versement à la caisse des retraites du minimum de 700 fr., payable à la libération définitive, un militaire âgé de trente-cinq ans se ferait une rente viagère de 133 fr. à cinquante ans, ou de 327 fr. à soixante ans.

Dans le cas où, comme cela a eu lieu en 1855, la portion payable comptant serait portée à 1,000 fr., et celle payable à l'époque de la libération à 1,300 fr., si la première de ces sommes avait été versée à cette caisse par un militaire rengagé, âgé de vingt-huit ans, elle lui aurait acquis, pour l'âge de cinquante ans, une rente viagère de 246 fr., qu'il aurait élevée à 526 fr. en y versant également la seconde de ces sommes à l'âge de trente-cinq ans.

On voit qu'à l'aide de la caisse de retraites pour la vieillesse, les militaires qui ne passeraient que quatorze ans sous les drapeaux, peuvent se constituer des ressources pour leurs vieux jours. Cette institution est d'autant plus précieuse à tous les militaires rengagés, pour le placement avantageux de leurs primes, que les rentes viagères qu'ils y acquièrent peuvent se cumuler avec les pensions de retraite, auxquelles ils pourraient avoir droit après vingt-cinq années de service.

Outre les avantages qu'elle offre aux exonérés ainsi qu'aux militaires rengagés et aux remplaçants, la caisse de la dotation de l'armée prête son concours aux militaires sous les drapeaux pour faire fructifier leurs économies, tout en les tenant à leur disposition en quelque lieu qu'ils se trouvent lorsqu'ils en demandent le remboursement. Les militaires rengagés feront probablement un usage fréquent de cette faculté de mettre ainsi à l'abri des chances de perte ou de dépense la portion du prix de leur rengagement dont ils n'auront pas l'emploi immédiat.

Ce service de dépôts volontaires portant intérêt sera aussi très-utile pour faire passer des fonds aux militaires éloignés de leurs familles, sans frais de poste ou de banquiers et avec la garantie de la surveillance paternelle des conseils d'administration, par l'intermédiaire desquels ce service s'effectue, ainsi qu'il est expliqué plus loin au chapitre spécialement consacré à ces dépôts volontaires.

Les caisses d'épargnes militaires qui ont été établies en Angleterre, en 1842, ont beaucoup d'analogie avec ce nouveau service des dépôts volontaires de l'armée.

La dotation de l'armée qu'a créée la loi du 26 avril 1855, est régie non-seulement par les dispositions de cette loi, mais aussi par celles du décret du 9 janvier 1856, qui en réglemente l'exécution, et par les instructions émanées du département de la guerre et de la direction générale de la caisse des dépôts et consignations. Nous avons résumé et commenté par chapitres spéciaux, les dispositions éparses dans ces divers documents, pour en former une instruction pratique qui pourra être utile aux militaires et aux familles intéressés à connaître les rouages de cette nouvelle institution.

Nous avons ajouté à ce recueil quelques détails sur le service des successions de militaires décédés et le payement des fonds de la masse des militaires congédiés, dont la caisse des dépôts et consignations est chargée depuis longtemps, et qui, par la nature de ses opérations, a paru se rattacher naturellement à celui de la dotation de l'armée.

Au moment où nous écrivons, la caisse de la dotation de l'armée a commencé ses opérations régulières; de nombreux versements ont été faits par des militaires sous les drapeaux, ayant obtenu l'autorisation de s'exonérer du temps de service qu'ils ont encore à faire, au moyen de la prestation fixée pour cette année à 500 fr. par chaque année ou fraction d'année restant encore à courir. Dans quelques jours commenceront les versements de la prestation fixée pour l'exonération des jeunes gens appelés à faire partie du contingent de 1855.

Le montant de cette prestation a été porté, pour cette année, à la somme de 2,800 fr., comprenant celle de 2,300 fr. accordée comme prime aux militaires rengagés pour sept ans, et celle de 500 fr., à laquelle sont évalués le montant des hautes payes du rengagé, la charge éventuelle des 165 fr. de retraite supplémentaire assurée après vingt-cinq ans de service, et les frais d'administration à la charge de la dotation.

Depuis huit mois, la caisse des dépôts et consignations fait les avances nécessaires pour solder aux militaires rengagés la portion de prime payable au moment du rengagement. Plus de 16 millions de francs ont déjà été avancés ainsi par cette caisse et payés, par les conseils d'administration, à plus de vingt-sept mille rengagés pour trois, quatre et sept ans, et représentant, comme nombre d'années de service à accomplir, plus de vingt-trois mille rengagements de sept ans. L'empressement de ces militaires à se présenter ainsi pour jouir des avantages de la nouvelle législation prouve mieux que tous les raisonnements combien la pensée qui a présidé à l'organisation de la dotation de l'armée était juste et profonde.

Cette institution, créée dans les conditions, en apparence, les plus défavorables, au moment d'une guerre lointaine, dans une année de grande cherté des subsistances, est tellement l'expression d'un besoin ressenti par tous, que la première expérience en a démontré le succès. Ainsi, les renseignements parvenus des départements annoncent que le nombre des jeunes gens ayant, lors du tirage, manifesté l'intention de s'exonérer du service militaire, est de vingt-trois mille cinq cents environ, chiffre correspondant exactement avec celui des rengagements de sept ans opérés en vue du remplacement des exonérés de la classe de 1855.

Si le résultat a été si favorable et les opérations si régulières dans une année difficile, on doit espérer qu'il en sera de même dans les temps de paix et d'abondance, et, dès aujourd'hui, l'on peut dire que, par la nouvelle création napoléonienne, un beau et difficile problème a été résolu à la plus grande satisfaction et pour le plus grand bien-être du peuple et de l'armée.

Paris, février 1856.

INSTRUCTION PRATIQUE

CONCERNANT

LA CAISSE DE LA DOTATION

DE L'ARMÉE.

La loi du 26 avril 1855 a créé la dotation de l'armée, et l'a placée sous la garantie de l'État, et sous la surveillance d'une commission supérieure nommée par l'Empereur (1).

La caisse de la dotation de l'armée est gérée par l'administration de la caisse des dépôts et consignations, dont la direction générale est établie à Paris, rue de Lille, n° 2, et a pour préposés :

Dans les départements, les receveurs généraux et particuliers des finances;

En Algérie, les trésoriers payeurs;

Et hors France, les payeurs des armées.

Un décret portant règlement d'administration publique, en date du 9 janvier 1856, a déterminé le mode d'exécution de la loi précitée.

Le service de la caisse de la dotation de l'armée comprend :

---

(1) Voir page 37, la liste des membres de cette commission.

1° Les versements avant l'appel;

2° L'exonération des jeunes gens compris dans le contingent annuel;

3° L'exonération des militaires sous les drapeaux;

4° Les rengagements;

5° Les engagements volontaires après libération;

6° Les remplacements entre parents;

7° Les remplacements par voie administrative;

8° Les dépôts volontaires;

9° Les pensions.

Le service des successions de militaires décédés, et des fonds de masse de militaires congédiés, réuni, dans les bureaux de la caisse des dépôts et consignations, à celui de la caisse de la dotation de l'armée, peut être considéré comme en faisant partie, et les détails qui le concernent trouvent naturellement leur place à la suite de ceux qui viennent d'être énumérés.

Des Versements avant l'appel.

Le Gouvernement voulant donner aux familles toutes facilités pour préparer à l'avance l'exonération de ceux de leurs enfants qui pourraient être appelés pour le service militaire, leur a ouvert la caisse de la dotation de l'armée, qui reçoit, conserve et fait fructifier les économies destinées à cet objet.

Le même but paraissait, il est vrai, pouvoir être atteint au moyen des caisses d'épargne; mais ces établissements ne peuvent pas recevoir, au nom d'une même personne, de sommes supérieures à 1,000 fr., tandis que la caisse de la dotation de l'armée admet jusqu'à 3,000 fr. D'ailleurs, les fonds placés aux caisses d'épargne peuvent être retirés à la volonté du déposant, et le but qu'on s'est proposé dès l'abord peut être manqué, parce que l'argent se trouve trop complétement à la disposition des parties.

A la caisse de la dotation de l'armée, au contraire, les sommes versées ne pouvant être retirées qu'après l'appel de la classe à laquelle le titulaire appartient, à moins qu'il ne décède auparavant, on est certain que l'argent placé sera appliqué intégralement à sa destination. Avec cette sécurité, des parents, des amis, des protecteurs, assurés que les dons faits par eux ne pourront être détournés pour un autre objet, n'hésiteront pas à verser à la caisse de la dotation, au nom d'un jeune homme auquel ils s'intéresseront, des sommes destinées à son exonération future, d'autant plus qu'ils peuvent stipuler que ces sommes leur seront rendues, s'il n'est point appelé sous les drapeaux. Cette clause du retour du capital versé est, dans ce cas, mentionnée dans le récépissé qui est délivré à tout déposant, à Paris, par le caissier de la caisse des dépôts et consignations et dans les départements, par les receveurs généraux et particuliers des finances, préposés de cette caisse.

Les versements peuvent être effectués, au nom de tout jeune homme âgé de quinze ans au moins, soit par lui-même soit par un intermédiaire ou un donateur. Ils doivent être opérés dans la circonscription des départemens dans lequel le titulaire sera tenu plus tard de satisfaire aux obligations du recrutement, et avant le premier jour de l'année où sa classe sera appelée. Le minimum des versements est fixé à 100 fr., et les fractions de franc ne sont pas admises.

Tout premier versement doit être accompagné de l'acte de naissance du jeune intéressé; il donne lieu à une déclaration de versement, qui doit être signée par la partie versante, et contenir, s'il y a lieu, la mention de la clause du retour, dans le cas de donation faite sous cette condition.

En cas d'impossibilité de produire l'acte de naissance, il peut y être suppléé par un acte de notoriété dressé par le juge de paix. Conformément à l'art. 71 du Code Napoléon, cet acte doit contenir la déclaration, faite par sept témoins de l'un et de l'autre sexe, parents ou non parents, des prénoms, nom et domicile du jeune homme, de ceux de ses père et mère, s'ils sont connus, et indiquer le lieu et autant que possible l'époque de sa naissance et les causes qui empêchent d'en rapporter l'acte.

Si le jeune homme n'a pas atteint l'âge de dix-huit ans, il doit être produit, soit par lui-même, soit par l'intermédiaire qui verse en son nom, une autorisation de son père, de sa mère, ou de son tuteur. Cette autorisation peut être donnée d'une manière générale pour tous les versements à venir. Si le jeune homme n'a ni père, ni mère, ni tuteur, ou en cas d'empêchement de celui qui aurait qualité pour l'autoriser, l'autorisation peut être donnée par le juge de paix du canton où se trouve situé son domicile.

Le remboursement des sommes versées ne peut être effectué avant l'appel de la classe à laquelle appartient le titulaire, que dans le cas de décès de ce dernier. La demande en est alors adressée par les héritiers ou ayants droit au directeur général de la caisse des dépôts et consignations, soit directement, et sans qu'il y ait nécessité d'affranchir, soit par l'entremise d'un préposé de cette caisse. Cette demande de remboursement doit être accompagnée de pièces constatant les droits des héritiers ou ayants cause du jeune décédé.

Hors ce cas de décès, le remboursement a lieu après l'appel de la classe, lorsque le jeune homme est exempté du service militaire, ou qu'il renonce à la faculté d'exonération accordée par la loi. Dans le premier cas, la demande de remboursement qu'il adresse ou fait adresser par un mandataire au directeur général de la caisse des dépôts et consignations, comme il est dit ci-dessus, doit être accompagnée d'un certificat du préfet du département où s'est fait le tirage, constatant son exemption. Dans le second cas, cette demande doit être appuyée d'une déclaration signée par le jeune appelé, et portant qu'il renonce à se faire exonérer.

Quant aux jeunes gens compris dans le contingent annuel, au nom desquels il aura été fait des versements avant l'appel, il arrivera presque toujours que les sommes portées à leur compte seront inférieures ou supérieures à celle fixée, pour l'année, pour l'exonération du service.

Si le montant de ses versements anticipés est inférieur au prix d'exonération, le jeune appelé doit d'abord faire parvenir au directeur général de la caisse des dépôts et consignations, *par l'entremise* du préposé de l'arrondissement où les opérations du conseil de révision s'effectueront, les récépissés qui ont été délivrés pour chacun de ces versements, afin d'obtenir en échange une déclaration constatant le montant total des versements, ainsi que celui des intérêts qu'ils ont produits. Muni de cette pièce, qui doit être accompagnée d'un certificat de non-opposition, dressé sur papier libre, le jeune appelé ou son représentant peut verser le complément nécessaire dans les formes indiquées plus loin pour le versement du prix d'exonération.

Si, au contraire, le montant des versements anticipés dépasse, en capital et intérêts, le prix fixé pour l'exonération, le jeune appelé ou son mandataire, après avoir échangé, comme il est dit ci-dessus, les récépissés contre une déclaration émanée de la caisse des dépôts et consignations, peut dans les mêmes formes, demander et obtenir le remboursement du surplus versé.

De l'Exonération du service militaire.

Le principe du remplacement individuel, consacré par la loi du 21 mars 1832, a depuis longtemps été reconnu vicieux par les abus qu'il enfantait, et particulièrement par ceux qui naissaient de l'intervention forcée des compagnies de remplacement, trait-d'union indispensable entre le remplaçant et le remplacé. Le personnel recruté par ces compagnies était loin d'être choisi, et les habitudes qu'il prenait avant d'arriver sous les drapeaux en faisaient un élément nuisible et peu estimé de l'armée.

La loi du 26 avril 1855 a substitué l'exonération au remplacement, tant pour les jeunes gens appelés à faire partie du contingent annuel, que pour les militaires sous les drapeaux. Pour les jeunes appelés, l'exonération est un droit; pour les militaires sous les drapeaux, ce n'est qu'une faculté dont ils ne peuvent jouir que s'ils obtiennent l'agrément de leurs chefs hiérarchiques.

Le prix de l'exonération diffère même pour ces deux classes d'individus; il est plus élevé, proportionnellement au nombre d'années à courir, pour les militaires que pour les jeunes appelés. Dans les deux cas, le prix d'exonération doit être versé à la caisse des dépôts et consignations ou entre les mains de l'un de ses préposés.

Le jeune appelé doit effectuer ce versement, soit par lui-même, soit par les mains d'un tiers, dans le département où a eu lieu le tirage. Il doit, à cet effet, se munir d'un certificat délivré par le préfet de ce département constatant sa position par rapport au recrutement.

Le jeune appelé peut verser de la même manière la somme nécessaire pour compléter le prix d'exonération, dans le cas où il a été fait pour son compte des versements avant l'appel. Seulement, dans ce dernier cas, il doit préalablement adresser au directeur général de la caisse des dépôts et consignations, par l'entremise du préposé de cette caisse, une demande tendant à obtenir l'échange des récépissés des sommes déposées par lui ou en son nom, contre une déclaration de cette administration constatant le montant de ces versements en capital et intérêts, accompagnée d'un certificat de non-opposition. Ces pièces doivent rester déposées dans les archives du conseil de révision, après avoir servi à faire prononcer, par ce conseil, l'exonération du titulaire, laquelle est constatée par un certificat délivré par le préfet.

Quant au militaire sous les drapeaux, il doit, pour obtenir l'exonération, en faire la demande par la voie hiérarchique. Cette demande doit être visée par l'officier commandant la compagnie, l'escadron ou la batterie, ainsi que par le chef de corps dans lequel il sert. Elle est ensuite soumise au général commandant la brigade ou la subdivision, pour être revêtue de son autorisation, s'il y a lieu.

Il est statué suivant le même mode sur les demandes formées par les militaires dans la réserve ou en congé, sans que ceux-ci soient obligés de se rendre à leur corps.

Les dispensés appelés à l'activité comme ayant perdu leur droit à la dispense, ne peuvent, s'ils le demandent, être exonérés qu'au corps dans lequel ils ont été primitivement immatriculés, ou, pour éviter des déplacements onéreux, dans l'un de ceux qui se trouvent le plus rapprochés de leur résidence.

Le prix d'exonération que ces dispensés ont à payer est le même que celui qui est fixé pour les militaires sous les drapeaux, pendant l'année où a cessé le droit à la dispense.

Le prix d'exonération des militaires sous les drapeaux comprend les indemnités d'habillement et de petit équipement précédemment exigées des militaires admis à se faire remplacer au corps.

L'exonération des militaires sous les drapeaux est prononcée par les conseils d'administration, sur la remise du récépissé constatant le versement de la prestation fixée pour l'année entre les mains du préposé de la caisse des dépôts et consignations, versement qui n'a pu être effectué que sur la présentation de l'autorisation donnée par le général de brigade.

Des Rengagements.

La loi du 21 mars 1832, sur le recrutement de l'armée, permettait des rengagements de deux à cinq ans ; la loi du 26 avril 1855 n'admet plus que des rengagements de trois ans au moins et de sept ans au plus, tout en limitant à quarante-sept ans l'âge des militaires ainsi maintenus sous les drapeaux.

Les rengagements ne peuvent être contractés que dans la septième année de service, soit dans l'armée active, soit dans la réserve, par les militaires appelés une première fois sous les drapeaux, et dans la dernière année de l'engagement par les engagés volontaires ou les rengagés.

Les rengagements de militaires retenus sous les drapeaux en vertu de l'art. 30 de la loi du 21 mars 1832 produisent tous leurs effets au profit de ceux-ci à partir du jour de l'expiration de leur temps de service antérieur.

L'art. 12 de la loi du 26 avril 1855, qui fixe à 1,000 fr. la prime de rengagement, n'énonce qu'un minimum ; le Ministre de la guerre, sur l'avis de la commission supérieure de la dotation de l'armée, peut élever le montant de cette prime, tant pour la portion payable au moment du rengagement ou de l'incorporation, que pour celle payable à une époque déterminée par le conseil d'administration, et pour celle dont l'échéance est reculée à l'époque de la libération définitive.

Le montant des hautes payes de rengagement est fixé par la loi à dix centimes par jour pour les rengagés n'ayant pas accompli quatorze années de service, et n'est point, comme le chiffre des primes, susceptible de modifications.

Les rengagements de sept ans donnent seuls toujours droit à des primes payables à l'époque de l'engagement ou pendant le cours du service; quant aux rengagements de moins de sept ans, dans le cas où le minimum de 100 fr. par année de service n'est pas dépassé, ils ne donnent droit, jusqu'à quatorze ans de service accomplis, qu'à une somme payable à la libération définitive. Exemple : Après sept ans de service, un militaire se rengage pour quatre ans; ce rengagement lui donne droit à 400 fr. payables à l'époque de sa libération définitive. Après ce rengagement, il en contracte un second de quatre ans; il n'a droit, pour ce fait, qu'à 300 fr., qui viendront s'ajouter aux 400 fr. du premier rengagement et lui seront aussi comptés lorsqu'il quittera le service. La dernière année du second engagement dépassant quatorze années de services effectifs ne donne pas de droit à la prime.

Lorsque l'annuité accordée pour prime de rengagement est fixée à plus de 100 fr., l'arrêté ministériel peut autoriser le payement du surplus, soit au moment du rengagement, soit pendant le cours du service; le payement du minimum de 100 fr. par an étant seul réservé, suivant le vœu de la loi, pour l'époque de la libération définitive. Exemple : la prime de rengagement pour moins de sept ans étant fixée à 230 fr. par an, un militaire, ayant déjà accompli sept années de service, se rengage pour quatre ans; l'arrêté ministériel a décidé que, sur cette somme de 230 fr., celle de 100 fr.

serait payable au moment du rengagement, celle de 30 fr., à la volonté du conseil d'administration, laissant, aux termes de la loi, 100 fr. à payer à la sortie du service. Le rengagé, dans ce cas, a droit à 400 fr. au moment de son rengagement; 120 fr. lui sont payés dans le cours des quatre années, à des époques fixées par le conseil d'administration; et 400 fr. lui sont réservés pour l'époque de sa libération définitive.

Après quatorze ans de service, les rengagés ne reçoivent point de primes; ils n'ont droit qu'à une haute paye qui est alors de vingt centimes par jour. Ces quatorze années de service commencent à courir du jour où les militaires ont été liés au service pour la première fois, c'est-à-dire, pour les appelés, du premier jour de l'année pendant laquelle ils ont été inscrits sur les matricules des corps dans les dépôts de recrutement, et pour les engagés volontaires, de la date de leur engagement.

Des Engagements volontaires.

La loi du 26 avril 1855, tout en assurant des avantages exceptionnels aux anciens militaires qui contractent des engagements volontaires avant l'expiration de l'année qui suit leur libération, a conservé le mode d'engagements volontaires autorisé par les art. 32, 33 et 34 de la loi du 21 mars 1832.

Ces engagements peuvent toujours être contractés pour sept ans, dans l'armée de mer dès l'âge de seize ans, et dans l'armée de terre dès l'âge de dix-huit ans, par les jeunes gens n'ayant pas encore servi, et munis du consentement de leur père, mère ou tuteur, s'ils sont encore en état de minorité.

Ces engagements volontaires ne donnent pas droit aux allocations accordées par l'art. 12 de la loi du 26 avril 1855, sur la caisse de la dotation de l'armée, non plus que ceux que contractent les anciens militaires libérés du service depuis plus d'une année, ou qui ne produisent pas toutes les pièces exigées par l'art. 46 du décret, ni les anciens militaires admis à contracter des engagements volontaires dans les compagnies de vétérans.

Les allocations dont il s'agit ne sont donc applicables qu'aux engagements volontaires contractés par les anciens militaires libérés depuis moins d'une année.

En principe, les engagements volontaires ne peuvent être contractés pour moins de sept ans, si un décret spécial ne les a autorisés, par exception, pour une durée plus restreinte. Le décret du 1er mai 1854 est le seul, jusqu'à présent, qui autorise des engagements de l'espèce d'une durée exceptionnelle ; il est relatif à la garde impériale et fixe à trois ans la durée de ces engagements.

Les engagements volontaires sont contractés aux mairies des chefs-lieux de canton. Les engagés volontaires qui comptent plus de sept ans de service ne sont pas admissibles à jouir des avantages attribués au premier rengagement de sept ans. Dans ce cas, ils ont droit, pour chaque année de leur nouvel engagement, jusqu'à quatorze ans de service accomplis, à l'annuité et à la haute paye journalière de dix centimes, dont il est parlé ci-dessus à propos des rengagements contractés dans les mêmes conditions.

Du Payement des primes et des hautes payes.

La caisse de la dotation de l'armée pourvoit au payement des allocations et des hautes payes attribuées par la loi aux rengagés et aux engagés volontaires après libération.

Les corps de troupes sont chargés de payer, à titre d'avance, sur les fonds généraux de leur caisse, par les soins du trésorier ou de l'officier payeur, toutes les allocations dues aux militaires faisant partie de ces corps. Ces avances leur sont remboursées par la caisse des dépôts et consignations pour le compte de la dotation de l'armée.

La caisse des dépôts et consignations effectue directement, par les mains de ses préposés, les payements par anticipation à faire, au moment de l'engagement, aux engagés volontaires après libération, sur leur simple quittance apposée au bas de l'acte d'engagement adressé à cet effet par le sous-intendant militaire, qui l'a reçu du maire et en a reconnu la régularité.

La portion de la prime de rengagement payable comptant doit être soldée au moment où le rengagement est contracté, que les militaires aient terminé ou non leur temps de service. Les portions d'annuités payables comptant, d'après les arrêtés ministériels de fixation, sont payées de la même manière que les portions de prime attribuées au premier rengagement de sept ans.

Les hautes payes de rengagement de 10 et de 20 centimes appartiennent aux militaires en toute position de présence et d'absence légale. Elles ne commencent et ne sont touchées qu'à l'expiration du temps pour lequel les militaires servaient précédemment.

Les portions de prime de rengagement et d'engagement, et les portions d'annuités payées par anticipation ne sont pas sujettes à répétition, lorsque, dans les cas prévus par les articles 16 et 17 de la loi du 26 avril 1855, leur quotité excède la part proportionnelle à la durée du service accompli par le militaire, dont la position vient à se modifier avant l'expiration de son rengagement ou de son engagement. Les sommes ainsi payées par anticipation demeurent acquises, dans tous les cas, aux militaires qui les ont reçues.

Lorsque, au contraire, la part proportionnelle est plus élevée que le montant des avances que les militaires ont déjà perçues, la différence est liquidée à leur profit.

Le décompte de la part proportionnelle est établi par jour, en prenant pour base la totalité de la prime ou des annuités.

Les mêmes dispositions sont applicables aux sous-officiers rengagés qui sont nommés à l'un des emplois civils qui leur sont dévolus par les lois et règlements.

Lorsque des militaires passent d'un corps dans un autre, un bulletin constatant leur situation sous le double rapport du recrutement et des allocations qu'ils ont touchées, ainsi que de celles qu'ils auront à percevoir ultérieurement, est adressé au conseil d'administration du corps sur lequel ils sont dirigées. Les allocations auxquelles ils peuvent avoir droit, selon leur position, leur sont payées par les soins du conseil d'administration du nouveau corps.

Les fractions d'année de service des militaires admis, en vertu de la loi du 26 avril 1855, à contracter des rengagements ou des engagements volontaires après libération, doivent être décomptées suivant les règles observées pour la liquidation des pensions de retraite ; c'est-à-dire que la fraction excédant une année n'est pas admise dans le décompte des services lorsqu'elle est de moins de quinze jours. A partir de quinze jours jusqu'à six mois et quatorze jours inclus, la fraction d'année est comptée pour six mois. Enfin, la fraction est admise pour un an lorsqu'elle est de six mois et quinze jours au moins.

Dans la supputation des annuités attribuées aux rengagements et aux engagements après libération, chaque période admise pour six mois donne droit à la moitié d'une annuité.

En cas de décès, la part des primes ou annuités, proportionnelle à la durée du service accompli, revenant aux héritiers ou ayants cause, leur est payée sur leur demande adressée au directeur général de la caisse des dépôts et consignations, auquel le conseil d'administration du corps a fait connaître le montant de la somme due au défunt. Les droits des héritiers ou ayants cause sont établis par la production d'un certificat de propriété, délivré par le notaire détenteur de l'inventaire et des pièces établissant les droits, dans les formes prescrites par la loi du 28 floréal an VII.

Du Remplacement entre parents.

Le remplacement est autorisé, par la loi du 26 avril 1855, entre frères, beaux-frères, oncles, neveux et cousins germains.

Le degré de parenté du jeune soldat avec le remplaçant proposé est établi par un certificat dressé par le maire du chef-lieu de canton, et signé par trois pères de famille domiciliés dans le canton où s'est fait le tirage, et pères de jeunes gens soumis à l'appel ou ayant été appelés.

Le remplaçant doit être âgé de dix-huit à trente ans au plus ; n'être ni marié, ni veuf avec enfants, et remplir les autres conditions exigées par la loi du 21 mars 1832. Il doit, en outre, produire un certificat du greffier du tribunal civil de l'arrondissement où est situé le lieu de sa naissance et indiquant les renseignements qui auraient été inscrits à son nom sur les casiers judiciaires.

Le conseil de révision du département auquel le jeune appelé appartient statue sur le remplacement. Mais cette décision ne peut être prise qu'à l'égard des jeunes gens qui n'ont pas reçu l'ordre de départ.

La substitution de numéro, autorisée par la loi de 1832, est maintenue par la loi de 1855; mais elle ne peut avoir lieu qu'entre jeunes gens compris dans la même liste cantonale.

Du Remplacement par voie administrative.

Ce mode de remplacement est tout à fait nouveau en France; il a l'avantage, sur le système pratiqué depuis

1832, d'offrir plus de sécurité pour le payement de la prime à l'homme qui se propose pour servir; de lui assurer une prime plus forte que celle allouée autrefois par les compagnies, qui se réservaient de gros bénéfices, et de recruter pour l'armée des sujets moins tarés, que l'administration n'admettra qu'avec soin et sur des témoignages de moralité et d'aptitude, tandis que les compagnies avaient intérêt à rechercher et à faire admettre les hommes de peu de valeur.

Il est probable qu'il ne sera fait usage que dans des limites fort restreintes de ce nouveau mode de recrutement; car il ne doit servir que dans le cas où l'élément militaire viendrait à être insuffisant pour combler les vides laissés dans les contingents annuels par l'exonération. Ce cas se présentera rarement, ou, tout au moins, le nombre d'hommes à recruter de cette façon sera peu considérable, ce qui permettra à la commission spéciale chargée d'examiner les remplaçants d'être d'autant plus difficile sur leur admission.

Ce n'est que lorsqu'il aura été constaté que le nombre des rengagements ou des engagements après libération est insuffisant pour couvrir celui des exonérations, qu'un arrêté ministériel, rendu sur la proposition de la commission supérieure de la dotation de l'armée, autorisera ce mode de recrutement. Cet arrêté fixera en même temps le montant de la prime offerte aux remplaçants ainsi que les termes de payement. Ce prix sera presque toujours inférieur à celui qui aura été accordé pour les rengagements de militaires.

Les hommes qui désireront se proposer en qualité de

remplaçants devront se faire inscrire sur des listes dressées à cet effet dans toutes les mairies. Ils devront être âgés de vingt à trente ans au plus, ou de vingt à trente-cinq s'ils ont été militaires; n'être ni mariés, ni veufs avec enfants, être libres de tout service militaire et n'en avoir point été réformés.

Le remplaçant doit produire un certificat délivré par le maire de la commune de son dernier domicile. S'il a été militaire, outre le certificat du maire, il doit produire un certificat de bonne conduite du corps dans lequel il a servi.

Le remplaçant, outre ces justifications et celles qui sont prescrites par la loi du 21 mars 1832, doit produire un bulletin délivré par le greffier du tribunal civil de l'arrondissement dans lequel est compris le lieu de sa naissance et indiquant les renseignements qui auraient été inscrits à son nom sur les casiers judiciaires.

Après vérification des pièces produites par le remplaçant et l'examen de son aptitude physique, la commission spéciale de remplacement prononce, s'il y a lieu, son admission. Cette admission est constatée régulièrement, l'acte de remplacement rédigé séance tenante, et une copie de cet acte délivrée au remplaçant, pour lui servir de titre, à l'effet de toucher la portion de prime qui doit être payée comptant, sur le vu de cette copie, par le préposé de la caisse des dépôts et consignations résidant au chef-lieu du département.

Les remplaçants, avant d'être dirigés sur les corps auxquels ils ont été affectés par l'autorité militaire, sont immatriculés, ainsi que cela a lieu pour les jeunes soldats. Ceux d'entre eux qui, hors le cas de force majeure, ne sont pas arrivés à leurs corps au jour fixé par l'ordre de route sont poursuivis comme insoumis, conformément à la législation en vigueur.

Des Dépôts volontaires.

Ce service, que la loi du 26 avril 1855 a compris dans les opérations de la caisse de la dotation de l'armée, constitue une véritable caisse d'épargne militaire, qui a, sur les caisses d'épargne et de prévoyance ouvertes au public, l'avantage de former un établissement unique, *sous la garantie de l'État*, et ayant des préposés dans tous les chefs-lieux d'arrondissement en France et en Algérie, et même hors la France, partout où se trouve un payeur des armées.

Cette faculté de déposer des sommes assez minimes, car les militaires de tout grade sont admis à verser 10 fr. comme minimum, sera précieuse à beaucoup d'entre eux, auxquels le mouvement d'une vie accidentée ne permet pas de conserver sans danger, dans leurs mains, des sommes de quelque importance. L'intérêt, bien que peu considérable, 3 p. 100, n'étant diminué d'aucun prélèvement pour frais d'administration, comme il l'est pour les dépôts faits aux caisses d'épargne, constitue un avantage que ne négligeront probablement pas les rengagés ou engagés après libération, pour faire fructifier la portion de leur prime dont ils n'auront pas un emploi immédiat.

Ces dépôts, pouvant se faire aussi bien par un tiers au nom du militaire que par le militaire lui-même, et partout ailleurs que dans le lieu de sa résidence, pourront être effectués par des amis désirant lui faire passer des fonds. L'emploi de livrets pour constater les versements et les remboursements de ces dépôts volontaires, et l'absence de toute limite pour le nombre de livrets à créer au nom du même militaire donnent aussi des facilités dont il sera fait usage.

Le remboursement de ces dépôts volontaires ne peut être effectué que sur une autorisation du directeur général de la caisse des dépôts et consignations ; c'est aussi à l'administration centrale de cette caisse, à Paris, que doivent être signifiées les oppositions ou cessions faites sur les versements de l'espèce.

La demande de remboursement doit être adressée à ce fonctionnaire, après avoir été visée par le conseil d'administration du corps où le militaire est en activité de service.

Le remboursement est alors fait, sur l'autorisation du directeur général, par le préposé de la caisse des dépôts et consignations, entre les mains du conseil d'administration, qui en tient compte au déposant.

Si le remboursement a lieu après la libération du militaire, il lui est fait, soit à son départ du corps, soit par le préposé de la caisse des dépôts et consignations désigné par lui dans la demande qu'il adresse avec son livret au directeur général, pour obtenir l'autorisation de payement.

Quant aux héritiers légataires ou ayants cause, ils procèdent de la même façon, en joignant à l'envoi du livret celui d'un certificat de propriété délivré par le notaire détenteur des pièces établissant leurs droits, dans la forme et suivant les règles prescrites par la loi du 28 floréal an VII.

Des Pensions.

La création de la dotation de l'armée a eu pour but principal de faire du service militaire une carrière offrant au simple soldat la même perspective qu'à l'officier, celle d'une pension de retraite suffisante, après un temps de service déterminé.

Ce but a été atteint par l'augmentation du maximum et du minimum du chiffre de la pension de retraite acquise par les sous-officiers, caporaux, brigadiers et soldats, après vingt-cinq ans de service effectif, au lieu des trente années de service exigées par la loi de 1831.

Cette augmentation a été fixée par la loi du 26 avril 1855 à 165 fr., soit 365 de minimum pour les simples soldats; combinée avec le rapprochement de l'époque à laquelle s'ouvre le droit à pension, elle constitue une immense amélioration du sort des vieux soldats, qui, libérés à l'âge de quarante-sept ans, peuvent encore ajouter au chiffre de la pension qui leur est acquise, le produit d'une industrie ou d'un travail quelconque, et sont de toute façon alors à l'abri du besoin.

Les autres dispositions de la loi du 11 avril 1831, relative aux pensions militaires, sont maintenues; cependant il est à remarquer que l'augmentation du cinquième, concédée par l'art. 11 de cette loi, après douze ans de grade, s'établit non-seulement sur la pension résultant de l'application de ladite loi, mais aussi sur les 165 fr. alloués par la loi de 1855.

Les militaires qui, pour une cause quelconque, seraient dans le cas d'être mis à la retraite avant d'avoir terminé la durée de leur rengagement, ne peuvent être proposés que d'office pour la pension.

Tout droit à pension basé sur des faits de blessures ou d'infirmités graves survenues en campagne est instruit d'urgence. Lorsqu'un militaire, susceptible d'être libéré, est également dans le cas de recevoir un congé de réforme n° 1, il est de préférence réformé avec ce titre, et désigné, si son état d'incapacité est le résultat de blessures ou d'infirmités contractées au service, pour une gratification une fois payée.

Des Successions des militaires décédés et du payement des Fonds de masse des militaires congédiés.

Ce service confié à la caisse des dépôts et consignations par la loi organique de 1816, et qui se trouve rattaché dans ses bureaux à celui de la caisse de la dotation de l'armée, intéresse les militaires de tout grade, et pour cette raison les détails qui le concernent trouvent naturellement leur place à la suite de ceux qui précèdent et qui sont relatifs à la dotation.

Les sommes en numéraire et le produit de la vente des effets appartenant à *des militaires décédés* dans les hôpitaux ou dans les prisons, ou qui s'en seraient évadés, sont versés à la caisse des dépôts et consignations pour être tenus àla disposition des ayants droit.

Les sommes dues à des officiers décédés à leur corps, ou à des hommes de troupe congédiés, pour leur fonds de masse de linge et chaussure, pendant qu'ils se trouvent à l'hôpital ou en congé limité, sont versées à la même caisse.

Les héritiers ou ayants droit se pourvoient devant cette caisse pour le remboursement de ce qui peut leur revenir.

Les dispositions suivantes tracent les règles de ce service, en ce qui concerne : 1° les militaires décédés; 2° les militaires congédiés.

MILITAIRES DÉCÉDÉS.

Les officiers d'administration comptables des hôpitaux militaires doivent verser à la caisse des dépôts et consignations, dans le délai de *cinq jours*, et pour le compte *militaires décédés ou congédiés :*

1° Le produit de la vente des effets laissés par les sous-officiers et soldats décédés dans les hôpitaux ou évadés desdits hôpitaux, ainsi que les deniers et autres valeurs leur appartenant, *réalisables en numéraire :* toutefois, le versement à faire pour le compte des militaires évadés ne doit comprendre que la portion dévolue aux héritiers;

2° Le produit de la vente des effets d'habillement, d'équipement et d'armement des officiers et autres individus y assimilés, ainsi que les deniers et autres valeurs, *réalisables en numéraire*, dont ils ont fait le dépôt à leur entrée à l'hôpital.

Les sommes reçues pour le compte *militaires décédés* ne peuvent être remboursées que *sur une autorisation spéciale* du directeur général de la caisse des dépôts et consignations, délivrée après l'examen préalable des pièces qui établissent les droits des héritiers.

Ces pièces consistent, pour les sommes de 50 fr. et au-dessous, en un certificat délivré par le maire, et, pour les sommes au-dessus de 50 fr., en un acte de notoriété passé devant notaire, ou un certificat du juge de paix du canton de la résidence des héritiers ; lesdits actes rédigés sur papier timbré, enregistrés et légalisés par le président du tribunal de première instance de l'arrondissement.

Si, après le décès du militaire il y a eu en France un inventaire fait par un notaire, ou si le défunt a fait un testament, l'acte de notoriété devra être rédigé par le notaire dépositaire de la minute de l'inventaire ou du testament.

Si les héritiers ne savent pas signer, ils donnent quittance *à leurs frais* par-devant notaire, toutes les fois que la somme à payer excède *cent cinquante francs*. Lorsqu'elle est de *cent cinquante francs et au-dessous*, le payement peut être fait en présence de deux témoins qui signent la quittance, et dont les signatures doivent être certifiées par le préposé qui effectue le payement.

MILITAIRES CONGÉDIÉS.

Les trésoriers des corps de troupe doivent verser à la caisse des dépôts et consignations, et pour le compte *militaires décédés ou congédiés* :

1° Le fonds de masse des militaires en congé illimité ou de ceux absents des corps à l'époque de leur libération ;

2° Et l'avoir à la masse des hommes définitivement libérés du service, qui décèdent avant que le payement leur en ait été fait.

Des mandats de payement délivrés par les corps au nom de chacun des militaires compris dans les états nominatifs remis à l'appui de la recette sont transmis par les intendants ou sous-intendants militaires aux maires des communes chargés de les remettre aux militaires *eux-mêmes.*

Ces mandats sont payables *à vue* chez tous les préposés de la caisse des dépôts et consignations, quel que soit, d'ailleurs, le domicile qui s'y trouve indiqué, pourvu toutefois qu'ils aient *quarante jours de date*, s'ils sont émis en *France*, et *quatre-ving-dix jours de date* s'ils sont émis par les corps tenant garnison en *Algérie* ou en *pays étrangers.*

Le montant ne doit en être payé aux militaires *eux-mêmes* que sur la présentation, soit de leur livret ou congé, soi d'un certificat de bonne conduite ou de toute autre pièce établissant leur identité.

Si les militaires sont illettrés, le payement peut être fait par le préposé de la Caisse des dépôts, en présence de deux témoins qui signent, et dont le comptable certifie la signature.

Si le mandat est présenté par un autre que le titulaire, le payement a lieu sur la remise d'une procuration, soit notariée, soit sous signature privée; dans ce dernier cas, la signature doit être légalisée par le maire et le préfet ou le sous-préfet. Si le mandat est de plus de *cinquante* francs, la procuration doit être enregistrée.

Si le militaire est décédé après l'époque de sa libération

du service, ses héritiers, pour obtenir le payement de son fonds de masse, doivent se pourvoir directement auprès du directeur général de la caisse des dépôts, à Paris, en accompagnant leur demande du mandat émis par le corps au nom du décédé, et d'un certificat du maire de leur commune, conforme au modèle inscrit au dos de cette pièce, si la somme qui s'y trouve portée est égale ou inférieure à 50 fr. Lorsque la somme est supérieure à 50 fr., les héritiers doivent joindre au mandat les pièces désignées par la note qui se trouve au bas du certificat susmentionné.

Les *duplicata* de mandats de fonds de masse sont acquittés à présentation comme les *primata*, pourvu qu'ils énoncent la date de la décision de M. le Ministre de la guerre qui en a autorisé l'émission.

Dans aucun cas, les mandats de fonds de masse ou les duplicata délivrés par les corps, *ayant plus de trois ans de date*, ne peuvent être payés qu'en vertu d'une autorisation spéciale du directeur général de la caisse des dépôts.

Toutes les dispositions relatives au versement et au payement des fonds de masse sont applicables aux *produits de parts de prises sur l'ennemi* ou *razzias*, qui peuvent revenir à des militaires libérés du service.

Seulement, sur les formules délivrées par les corps, ces mots : *masse individuelle*, sont remplacés par ceux-ci : *produits de prises sur l'ennemi.*

COMMISSION SUPÉRIEURE

DE LA DOTATION DE L'ARMÉE.

S. Exc. M. le maréchal MAGNAN (G.✱) Méd. milit., sénateur, *Président.*

M. DE PARIEU (G.✱), vice-président du conseil d'Etat, *Vice-Président.*

M. le comte D'ARGOUT (G.✱), sénateur.

M. le général vicomte DE LA HITTE (G.✱), sénateur.

M. le général marquis DE LAPLACE (G.O.✱), sénateur.

M. le général GÉMEAU (G.O.✱), sénateur.

M. le vice-amiral CÉCILLE (G.O.✱), sénateur.

M. le comte DE BEAUMONT (O.✱), sénateur.

M. MONIER DE LA SIZERANNE (✱), député au Corps législatif.

M. le baron Paul DE RICHEMONT (O.✱), député au Corps législatif.

M. Adolphe DE BELLEYME (✱), député au Corps législatif.

M. le général ALLART (C.✱),président de section au Conseil d'État.

M. PETITET (C.✱), conseiller d'Etat, directeur de la comptabilité générale au Ministère de la guerre.

M. GUILLEMOT (O.✱), directeur général de la Caisse des dépôts et consignations.

M. TARBÉ DES SABLONS, ancien administrateur.

M. FELLMANN (✱), chef de bureau au Ministère de la guerre, *Secrétaire.*

DIRECTION GÉNÉRALE

Des Caisses d'amortissement et des Dépôts et Consignations,

Chargée du service de la Caisse de la dotation de l'armée,

RUE DE LILLE, 2.

M. GUILLEMOT (O.✱), *Directeur général.*

LOI

RELATIVE A LA

CRÉATION D'UNE DOTATION DE L'ARMÉE,

AU RENGAGEMENT, AU REMPLACEMENT

ET AUX PENSIONS MILITAIRES.

NAPOLÉON, par la grâce de Dieu et la volonté nationale, EMPEREUR DES FRANÇAIS ;

A tous présents et à venir salut :

Avons sanctionné et sanctionnons, promulgué et promulguons ce qui suit :

LOI

(Extrait du procès-verbal du Corps législatif.)

LE CORPS LÉGISLATIF A ADOPTÉ LE PROJET DE LOI dont la teneur suit :

TITRE Ier.

De la Dotation de l'armée.

ART. 1er. Une dotation est créée, dans l'intérêt de l'armée, sous la surveillance et la garantie de l'Etat.

La dotation de l'armée est formée par les prestations en argent que détermine la présente loi.

Elle peut recevoir des dons et legs.

La caisse de la dotation reçoit, à titre de dépôt, les versements volontaires qui lui sont faits par les militaires de tous grades, dans le cours de leur service.

Elle est gérée par l'administration de la caisse des dépôts et consignations, et constitue un service spécial, dont le budget et les comptes sont annexés à ceux du Ministère de la guerre.

2. La dotation de l'armée pourvoit au payement des allocations établies par la présente loi et aux dépenses prévues par l'art. 20.

3. Les excédants disponibles sur les recettes faites par la caisse de la dotation sont successivement employés aux achats de rentes sur l'Etat.

Ces rentes sont inscrites au nom de la dotation de l'armée.

4. Une commission supérieure, composée de quinze membres nommés par l'Empereur, et dont les fonctions sont gratuites, surveille et contrôle toutes les opérations relatives à la dotation de l'armée.

Cette commission comprend au moins trois membres du Sénat et trois députés au Corps législatif.

Elle présente, chaque année, à l'Empereur, un rapport sur la situation générale de la dotation.

TITRE II.

De l'Exonération du service.

5. Les jeunes gens compris dans le contingent annuel obtiennent l'exonération du service au moyen de presta-

tions versées à la caisse de la dotation, et destinées à assurer leur remplacement dans l'armée, par la voie du rengagement d'anciens militaires.

6. Le taux de la prestation individuelle est fixé, chaque année, sur la proposition de la commission supérieure, par un arrêté du Ministre de la guerre.

7. Les versements des prestations à la caisse de la dotation doivent être effectués dans les dix jours qui suivent la clôture des opérations des conseils de révision.

A l'expiration de ce délai, le conseil de révision, réuni au chef-lieu de département, prononce les exonérations sur la présentation des récépissés de versement.

8. Les militaires sous les drapeaux peuvent être admis à l'exonération du service par le versement d'une prestation dont le taux est fixé conformément aux dispositions des art. 5 et 6.

L'exonération est prononcée, dans ce cas, par les conseils d'administration des corps auxquels sont présentés les récépissés de versement.

9. La caisse de la dotation est autorisée à recevoir au nom des jeunes gens, avant l'appel de leur classe, des versements applicables à leur exonération ultérieure du service, s'il y a lieu.

10. Le mode de remplacement établi par la loi du 21 mars 1832 est supprimé, si ce n'est entre frères, beaux-frères et parents jusqu'au quatrième degré.

La substitution de numéro autorisée par cette loi est maintenue.

TITRE III.

Des Rengagements.

11. Les rengagements sont d'une durée de trois ans au moins et de sept ans au plus.

Ils ne peuvent être contractés que par les militaires qui accomplissent leur septième année de service, soit dans l'armée active, soit dans la réserve, ou par les engagés volontaires qui sont dans leur quatrième année de service.

Leur durée est réglée de manière que les militaires ne soient pas maintenus sous les drapeaux après l'âge de quarante-sept ans.

12. Le premier rengagement de sept ans donne droit :

1° A une somme de 1,000 fr. dont 100 fr. payables le jour du rengagement ou de l'incorporation; 200 fr., soit au jour du rengagement ou de l'incorporation, soit pendant le cours du service, sur l'avis du conseil d'administration du corps, et 700 francs à la libération définitive du service;

2° A une haute paye de rengagement de 10 centimes par jour.

Tout rengagement contracté pour moins de sept ans donne droit, jusqu'à quatorze ans de service :

1° A une somme de 100 fr. par chaque année, payable à la libération du service;

2° A la haute paye de rengagement de 10 centimes par jour.

Après quatorze ans de service, le rengagé n'a droit qu'à une haute paye de rengagement de 20 centimes.

13. L'engagement volontaire après libération, contracté dans les conditions prescrites par l'art. 11 et moins d'une année après cette libération, donne droit, suivant sa durée, aux avantages spécifiés par l'article précédent.

14. Sur la proposition de la commission supérieure, un arrêté du Ministre de la guerre peut augmenter les allocations fixées par l'art. 12, autres que la haute paye.

15. En cas d'insuffisance du nombre des rengagements et des engagements volontaires après libération, comparé à celui des exonérations, des remplacements sont effectués, par voie administrative.

Le prix de ces remplacements est à la charge de la dotation de l'armée.

Il est fixé, ainsi que le mode de payement, par la commission supérieure, dans les formes indiquées à l'article précédent.

16. Les sous-officiers nommés officiers, ou appelés à l'un des emplois militaires qui leur sont dévolus en vertu des lois et règlements, ont droit, sur les sommes allouées pour rengagements, à une part proportionnelle à la durée du service qu'ils ont accompli.

17. Les dispositions de l'article précédent sont applicables aux militaires réformés et aux militaires passant dans un corps qui ne se recrute pas par la voie des appels.

Néanmoins, les sommes dues à ces derniers ne leur sont payées, en tout ou en partie, que sur l'avis du conseil d'administration du nouveau corps.

18. Les sommes attribuées par les art. 12 et 13 aux rengagés et aux engagés volontaires après libération sont in-

cessibles et insaisissables. En cas de mort, une part de ces sommes, proportionnelle à la durée du service, est dévolue aux héritiers et ayants cause des militaires.

En cas de déshérence, les sommes dues profitent à la dotation de l'armée.

TITRE IV.

Des Pensions de retraite des sous-officiers, caporaux ou brigadiers et soldats.

19. Le maximum et le minimum de la pension de retraite, fixés par la loi du 11 avril 1831, sont augmentés de 165 fr. pour les sous-officiers, caporaux, brigadiers et soldats.

Le droit à la pension de retraite par ancienneté est acquis à ces militaires à vingt-cinq ans accomplis de service effectif.

Toutes les autres dispositions de la loi du 11 avril 1831 sont maintenues.

20. Le surcroît de dépenses résultant de l'exécution de l'article précédent est prélevé sur l'actif de la dotation de l'armée, mais seulement en ce qui concerne les pensions des militaires des corps qui se recrutent par la voie des appels.

TITRE V.

Dispositions générales et transitoires.

21. Les sous-officiers, caporaux, brigadiers et soldats qui sont actuellement sous les drapeaux sont tenus, quels que soient leur âge et la durée de leurs services, d'accomplir le temps de leur engagement.

Les mêmes militaires qui, au jour de la promulgation de la loi, n'auraient pas encore vingt-cinq ans de service effectif, pourront être autorisés à se rengager, même quand ils seraient âgés de plus de quarante-sept ans.

22. Le règlement d'administration publique à intervenir, concernant les mesures nécessaires à l'exécution de la présente loi, déterminera :

1° Les formes des demandes d'exonération et les conditions de leur admission ;

2° L'organisation de la caisse de la dotation de l'armée et de son service spécial ; le mode de remboursement et le taux de l'intérêt des sommes qui y seront déposées ; les conditions de payement des sommes allouées aux rengagements, et les rapports financiers entre l'Etat, la caisse des dépôts et consignations et la dotation de l'armée ;

3° Le mode d'exécution de l'article 9 relatif aux versements faits avant l'appel ;

4° Les formes et les conditions générales des remplacements, dans le cas prévu par l'article 15.

23. La présente loi est exécutoire à partir du 1er janvier 1856.

Toutes dispositions contraires sont abrogées à partir de la même époque.

Néanmoins, les rengagements et engagements contractés dans les conditions de la présente loi, pendant l'année 1855, compteront pour l'exonération des jeunes gens compris dans le contingent de la classe de ladite année, et donneront droit, en conséquence, aux allocations réglées par les articles 12 et 13.

Il sera pourvu aux dépenses qui résulteront, en 1855, de l'application des dispositions du paragraphe précédent, à l'aide des avances qui pourront être faites à la dotation de l'armée par la caisse des dépôts et consignations. Ces avances seront remboursées, en 1856, sur le produit des versements des prestations pour l'exonération du service militaire.

Les dispositions de l'article 19 de cette loi sont applicables aux pensions de retraite qui seront concédées en 1855, à partir de sa promulgation.

Délibéré en séance publique à Paris, le 28 mars 1855.

Le Président,

A. DE MORNY.

Les Secrétaires, JOACHIM MURAT, marquis DE CHAUMONT-QUITRY, ED. DALLOZ.

(Extrait du procès-verbal du Sénat.)

Le Sénat ne s'oppose pas à la promulgation de la loi relative à la création d'une dotation de l'armée, au rengagement, au remplacement et aux pensions militaires.

Délibéré en séance, au palais du Sénat, le 20 avril 1855.

Le Président,

TROPLONG.

Les Secrétaires, F. DE BEAUMONT, DE GOULHOT DE SAINT-GERMAIN, baron T. DE LACROSSE.

Vu et scellé du sceau du Sénat :

Baron T. DE LACROSSE.

Mandons et ordonnons que les présentes, revêtues du sceau de l'Etat et insérées au *Bulletin des lois*, soient adressées aux Cours, aux tribunaux et aux autorités administratives, pour qu'ils les inscrivent sur leurs registres, les observent et les fassent observer, et notre Ministre secrétaire d'Etat au département de la justice est chargé d'en surveiller la publication.

Fait au palais des Tuileries, le 26 avril 1855.

NAPOLÉON.

Vu et scellé du grand sceaux :

Le Garde des sceaux, Ministre secrétaire d'Etat au département de la justice.

ABBATUCCI.

Par l'Empereur :

Le Ministre d'Etat.

ACHILLE FOULD.

DÉCRET

PORTANT

Règlement d'administration publique

POUR L'EXÉCUTION

DE LA LOI DU 26 AVRIL 1855, RELATIVE

A LA CRÉATION D'UNE DOTATION DE L'ARMÉE,

AU RENGAGEMENT, AU REMPLACEMENT

ET AUX PENSIONS MILITAIRES.

NAPOLÉON, par la grâce de Dieu et la volonté nationale, EMPEREUR DES FRANÇAIS,

A tous présents et à venir, SALUT.

Vu la loi du 11 avril 1831, sur les pensions de l'armée de terre, et l'article 23 de la loi du 18 avril 1831, sur les pensions de l'armée de mer;

Vu la loi du 21 mars 1832, sur le recrutement de l'armée,

Vu la loi du 26 avril 1855, et notamment l'article 22 de cette loi, aux termes duquel un règlement d'administration publique doit prescrire les mesures nécessaires à son exécution;

Sur le rapport de notre Ministre secrétaire d'État de la guerre, et sur l'avis de nos Ministres secrétaires d'Etat de la marine et des finances;

Notre conseil d'État entendu,

AVONS DÉCRÉTÉ ET DÉCRÉTONS ce qui suit :

TITRE Ier.

De la Commission supérieure de la dotation de l'armée.

Art. 1er. La commission supérieure de la dotation de l'armée, instituée par la loi du 26 avril 1855, surveille et contrôle toutes les opérations relatives à cette dotation.

Elle donne son avis sur les budgets et les comptes partiels ou généraux de la dotation, et peut être consultée sur les questions qui se rattachent à l'exécution de la loi du 26 avril 1855.

2. Chaque année, la commission supérieure soumet au Ministre de la guerre des propositions ayant pour objet de fixer:

1° Le taux de la prestation individuelle que les jeunes gens compris dans le contingent annuel ont à verser à la caisse de la dotation de l'armée pour obtenir l'exonération du service militaire ;

2° Le taux de la prestation au moyen de laquelle les militaires sous les drapeaux peuvent, dans les conditions indiquées par le présent règlement, être admis à l'exonération du service militaire ;

3° L'augmentation, s'il y a lieu, des allocations attribuées aux rengagements et aux engagements volontaires après libération, autres que les hautes payes ;

4° Éventuellement, et pour le cas d'insuffisance du nombre des rengagements et des engagements volontaires après libération comparé à celui des exonérations, le prix et le mode de payement des remplacements à effectuer par voie administrative, à la charge de la dotation de l'armée.

3. Le président et le vice-président de la commission supérieure sont nommés par l'Empereur.

4. La commission ne peut délibérer si huit membres au moins ne sont présents.

Les délibérations sont prises à la majorité absolue des voix. En cas de partage, la voix du président est prépondérante.

Le procès-verbal de chaque séance est transcrit sur un registre spécial.

5. Les arrêtés du Ministre de la guerre, rendus en exécution des articles 6, 8, 14 et 15 de la loi du 26 avril 1855, sont publiés par les voies administratives ordinaires.

TITRE II.

De la Caisse de la dotation de l'armée.

CHAPITRE Ier.

MODE D'ADMINISTRATION.

6. L'administration de la caisse des dépôts et consignations, chargée par l'article premier de la loi du 26 avril 1855 de gérer la caisse de la dotation de l'armée, à titre de service spécial, établit distinctement les écritures, les recettes, les dépenses, les budgets et les comptes relatifs à cette caisse.

Elle observe, pour cette gestion spéciale, les règles générales qui la régissent, en se conformant, d'ailleurs, aux dispositions du présent décret.

7. L'administration de la caisse des dépôts et consignations établit séparément et transmet, chaque année, au Ministre de la guerre, le mouvement des versements volontaires effectués par les militaires de tous grades, en vertu du paragraphe 4 de l'article 1er de la loi du 26 avril 1855.

8. Elle adresse, tous les trois mois, au ministère de la guerre, un état de situation sommaire de la caisse de la dotation

Le Ministre transmet cet état à la commission supérieure, et, par un arrêté pris sur l'avis de cette commission, il fixe la somme susceptible d'être employée en rentes sur l'Etat, conformément à l'article 3 de la loi du 26 avril 1855, ou, s'il y a lieu, la quotité de rentes de la dotation qu'il est nécessaire de vendre pour pourvoir aux dépenses du service.

Ces achats et ces ventes ont lieu dans le cours du trimestre qui suit l'arrêté pris par le Ministre, à la diligence du directeur général de la caisse des dépôts et consignations, aux époques et dans le fonds déterminés par le Ministre des finances.

9. La caisse des dépôts et consignations tient compte à la caisse de la dotation de l'armée de l'intérêt de ses fonds disponibles non employés en achats de rentes, au taux et aux conditions fixés pour les dépôts des établissements publics.

10. Sont à la charge de la dotation de l'armée :

Les frais d'administration et de bureaux de la commission supérieure;

Les dépenses occasionnées à la caisse des dépôts et consignations par la gestion de ce service spécial, y compris les taxations allouées aux préposés de cette caisse pour les recettes et les payements effectués par eux au compte de la dotation de l'armée.

11. Chaque année, le Ministre des finances détermine, sur les propositions de la commission de surveillance de la caisse des dépôts et consignations, et sur l'avis de la commission supérieure de la dotation de l'armée :

1° Le montant de la partie des dépenses administratives qu'il y a lieu de mettre à la charge de la dotation de l'armée, conformément à l'article précédent;

2° Le tarif des taxations à allouer aux préposés de la caisse des dépôts et consignations, pour les opérations relatives au service de la caisse de la dotation.

CHAPITRE II.

RECETTES DE LA CAISSE DE LA DOTATION.

§ 1er. — *Des recettes.*

12. Les recettes de la caisse de la dotation se composent :

1° Des versements faits par les jeunes appelés compris dans le contingent annuel, pour obtenir l'exonération du service militaire;

2° Des versements faits dans le même but par les militaires sous les drapeaux;

3° Des dons et legs faits à la dotation de l'armée;

4° Des arrérages de rentes inscrites au nom de la caisse de la dotation de l'armée;

5° Des produits, s'il y a lieu, des ventes de rentes appartenant à la caisse de la dotation;

6° Des versements volontaires faits à titre de dépôt par les militaires de tous grades, dans le cours de leur service;

7° Des versements faits par des jeunes gens, ou en leur nom, avant l'appel de leur classe, et applicables à leur exonération ultérieure du service, s'il y a lieu;

8° Des versements à titres divers.

§ 2.—*Versements faits par des jeunes gens compris dans le contingent annuel.*

13. Les versements pour exonération du service sont faits, dans le département où les jeunes gens doivent satisfaire à la loi du recrutement, soit par les intéressés eux-mêmes, soit, pour leur compte, par des tiers.

Ils sont opérés:

Dans le département de la Seine, à la direction générale de la caisse des dépôts et consignations;

Dans les autres départements, chez les préposés de cette caisse (receveurs généraux et particuliers des finances);

Sur la production du certificat délivré par le préfet du département dans lequel se fait le tirage, en conformité de l'article 38 du présent règlement.

14. Ces versements donnent lieu, de la part des préposés de la caisse des dépôts et consignations, à la délivrance de récépissés qui forment titre envers l'Etat, à la charge

par les parties versantes de les soumettre, dans le département de la Seine, immédiatement, au visa du contrôle placé près la caisse des dépôts et consignations, et dans les autres départements, dans les vingt-quatre heures de leur date, au visa du préfet ou du sous-préfet.

§ 3. — *Versements faits par des militaires sous les drapeaux pour être exonérés du service militaire.*

15. Les versements par les militaires sous les drapeaux, pour être admis à l'exonération du service, sont faits, soit par eux-mêmes, soit par des tiers pour leur compte, dans le département de la Seine, à la direction générale de la caisse des dépôts et consignations; dans les autres départements, chez les préposés de cette caisse (receveurs généraux et particuliers des finances), et en Algérie, aux trésoriers payeurs, sur la production d'une demande approuvée par le général de brigade.

Les récépissés de ces versements font titre vis-à-vis de l'État, lorsqu'ils ont été soumis au contrôle dans les délais prescrits par l'article 14 du présent règlement.

Ces versements peuvent encore être effectués, hors du territoire français, chez les payeurs des armées, institués par le présent règlement, et, pour son exécution, préposés de la caisse des dépôts et consignations, sur la production de la demande ci-dessus énoncée, et sont reçus par ces comptables pour le compte de ladite caisse.

Dans ce dernier cas, les récépissés sont visés, dans les vingt-quatre heures, par le membre de l'intendance chargé de la police administrative du corps.

§ 4. — *Versements volontaires.*

16. Les versements volontaires faits à titre de dépôt, conformément à l'art. 1er de la loi du 26 avril 1855, par les militaires de tous grades, dans le cours de leur service, ou par des tiers en leur nom, doivent être de 10 francs au moins et sans fraction de franc.

Ils ne peuvent être reçus en France et en Algérie que par les préposés de la caisse des dépôts et consignations.

Ils peuvent encore être effectués, hors du territoire français, chez les payeurs des armées, qui les reçoivent pour le compte de la caisse des dépôts et consignations.

Les versements donnent droit à un intérêt de 3 pour 100, qui est payé lors du retrait.

17. Un livret établi par les soins de la caisse des dépôts et consignations, et revêtu de son timbre, est délivré, au nom de la caisse de la dotation, à chaque déposant militaire, au moment du premier versement.

Toutes les sommes versées ou retirées y sont successivement enregistrées par les préposés, et contrôlées dans les formes prescrites à l'article 15 ci-dessus.

Le livret porte un numéro d'ordre; il énonce, pour chaque titulaire, ses nom, prénoms, surnom, la date de sa naissance, le numéro de son régiment, son grade.

Il contient, en outre, toutes les dispositions relatives à ces dépôts et au mode de retrait.

Le coût du livret est à la charge du déposant, et doit être payé au préposé de la caisse des dépôts et consignations, lors du premier versement.

En cas de perte du livret, il est pourvu à son remplacement aux frais du titulaire, et dans les formes prescrites pour le remplacement d'un titre de rente sur l'État.

18. Les oppositions ou les cessions qui peuvent être faites sur les versements volontaires effectués par les militaires sous les drapeaux ne peuvent être signifiées qu'à Paris, à la direction générale de la caisse des dépôts et consignations.

§ 5. — *Versements faits avant l'appel.*

19. Les versements à la caisse de la dotation, au nom des jeunes gens, avant l'appel de leur classe, pour être appliqués à leur exonération ultérieure du service militaire, ne sont admis qu'au profit de ceux qui sont âgés de quinze ans, et jusqu'au premier jour de l'année où doit avoir lieu l'appel de leur classe.

Ils ne peuvent être moindres de 100 francs, et supérieurs en totalité à 3,000 francs. Les fractions de franc sont interdites.

Ils doivent être effectués dans le département où l'intéressé est tenu de satisfaire aux obligations du recrutement et dans les lieux ci-après, savoir : dans le département de la Seine, à la direction générale de la caisse des dépôts et consignations, et dans les autres départements, chez les préposés de ladite caisse.

20. Ces versements donnent lieu à la délivrance de récépissés qui forment titre envers l'État, après l'accomplissement des formalités prescrites par l'article 14 du présent règlement.

Ils donnent droit à un intérêt de 3 pour 100.

Ils ne peuvent être retirés avant l'appel de la classe que dans le cas du décès du titulaire.

21. Tout déposant qui, soit par lui-même, soit par un intermédiaire, opère un premier versement, doit produire son acte de naissance, ou, à défaut, un acte de notoriété qui en tienne lieu, délivré dans les formes prescrites par l'article 71 du Code Napoléon.

Si le déposant qui verse en son nom est âgé de moins de dix-huit ans, il doit justifier que le versement par lui effectué a été autorisé par ses père, mère ou tuteur.

L'autorisation peut être donnée d'une manière générale pour tous les versements que le mineur effectuera; elle est toujours révocable.

Si le déposant n'a ni père, ni mère, ni tuteur, ou en cas d'empêchement de celui qui aurait qualité pour l'autoriser, il peut y être suppléé par le juge de paix.

22. Lorsque le versement est effectué par un tiers, et de ses deniers, le tiers déposant doit faire indiquer, dans le récépissé qui lui est délivré, s'il entend stipuler en sa faveur le retour des sommes versées, dans les cas où il y aurait lieu à la restitution de tout ou partie de ces sommes.

23. Les oppositions sur les dépôts effectués par des jeunes gens avant l'appel de leur classe, pour être exonérés du service militaire, ne peuvent être signifiées qu'à la direction générale de la caisse des dépôts et consignations.

Aucune opposition n'est reçue par la caisse postérieurement à la date de l'ouverture des opérations des conseils de révision de cette classe.

CHAPITRE III.

DÉPENSES DE LA CAISSE DE LA DOTATION.

§ 1er. — *Des dépenses.*

24. La caisse de la dotation de l'armée pourvoit au paiement :

1° Des allocations et hautes payes attribuées par la loi du 26 avril 1855 aux rengagés et aux engagés volontaires après libération, pour les corps qui se recrutent par la voie des appels ;

2° Du prix des remplacements effectués par voie administrative ;

3° Du surcroît de dépenses pour pensions des sous-officiers, caporaux, brigadiers et soldats des corps qui se recrutent par la voie des appels ;

4° A titre de remboursement, des sommes versées volontairement, et, s'il y a lieu, de celles qui ont été versées avant l'appel en vue de l'exonération ultérieure ;

5° Des rentes achetées en son nom ;

6° Enfin, des dépenses diverses mentionnées dans l'art. 10 du présent règlement.

25. La nomenclature des corps qui se recrutent par la voie des appels, et auxquels sont applicables les dépenses des paragraphes 1° et 3° de l'article précédent, est déterminée par le tableau n° 1.

§ 2. — *Payement des allocations et des hautes payes attribuées aux rengagements et aux engagements volontaires après libération.*

26. La première portion de la prime de rengagement payable le jour du rengagement ou de l'incorporation, et la deuxième portion qui est payable, soit au jour du rengagement ou de l'incorporation, soit pendant le cours du service, sur l'avis du conseil d'administration du corps dûment approuvé par le général de brigade, sont payées, à titre d'avance, sur les fonds généraux de la caisse du corps, par les soins du trésorier ou de l'officier payeur. La feuille individuelle constatant le payement est signée pour quittance par le militaire, et dans le cas où il ne saurait pas signer, par l'officier de section.

Les payements par anticipation aux engagés volontaires après libération sont effectués au moment de l'engagement, au chef-lieu du département, par le préposé de la caisse des dépôts et consignations, sur le vu d'une expédition de l'acte d'engagement, qui lui a été adressée par le sous-intendant militaire, et qui constate la somme à laquelle a droit l'engagé.

Le préposé de la caisse des dépôts et consignations inscrit le payement effectué sur l'expédition de l'acte d'engagement dont le militaire est porteur, et en avise le sous-intendant militaire.

27. Les hautes payes de rengagements de 10 et de 20 centimes par jour, attribuées aux rengagés et aux engagés volontaires après libération, sont payées, à terme échu, sur

les fonds généraux de la caisse des corps, à titre d'avance, aux mêmes jours que la haute paye de chevrons.

Les fonds nécessaires pour ce payement sont remis aux commandants des compagnies, escadrons ou batteries, sur des états spéciaux.

La dépense de la haute paye est justifiée au moyen d'une feuille numérique que le trésorier établit à la fin de chaque trimestre. Cette dernière pièce est appuyée de l'état nominatif des hommes qui ont éprouvé des mutations.

28. Les portions de prime et les annuités qui sont dues aux militaires, soit à la libération du service, soit dans les cas prévus par les art. 16 et 17 de la loi du 26 avril 1855, leur sont payées par les corps de troupe.

En cas de décès, la part de ces primes ou annuités, proportionnelle à la durée du service accompli, revenant aux héritiers ou ayants cause, leur est payée, dans le lieu de leur résidence, par les soins de la caisse des dépôts et consignations, sur la justification de leurs droits. Les certificats de propriété à produire par ceux-ci doivent être délivrés dans les formes et suivant les règles prescrites par la loi du 28 floréal an VII.

Les conseils d'administration des corps font connaître à la direction générale de la caisse des dépôts et consignations le montant de la somme revenant aux militaires ou à leurs héritiers.

Les sommes revenant, au jour de la condamnation, aux militaires condamnés à une peine qui les exclut des rangs de l'armée, sont payées à ceux qui ont pouvoir de recevoir pour eux, à l'époque où devait s'opérer la libération du service.

29. Pour obtenir de la caisse des dépôts et consignations le remboursement des avances pour primes, annuités et hautes payes, le conseil d'administration ou l'officier commandant de chaque corps établit un bordereau récapitulatif des dépenses faites pour le compte de la caisse de la dotation de l'armée.

Ce bordereau, appuyé des feuilles individuelles, après avoir été vérifié et arrêté par le sous-intendant militaire, est présenté, dans le département de la Seine, à la caisse des dépôts et consignations, et dans les autres départements, au préposé de cette caisse le plus voisin de la garnison, chargé d'en acquitter le montant.

30. Les corps de troupe tiennent un registre-journal distinct des dépenses et des recettes effectuées par eux pour le compte de la dotation de l'armée.

Les remboursements qui leur sont faits par la caisse des dépôts et consignations sont inscrits sur leur livret de solde, dans une section séparée, par les préposés de ladite caisse.

Les sommes payées aux militaires sont également inscrites, chaque trimestre, dans une section distincte, sur leur livret individuel, par les soins des commandants de compagnie, escadron ou batterie.

31. Toutes les écritures auxquelles donne lieu le payement des primes, des annuités et des hautes payes, dans l'intérieur des corps sont soumises au contrôle de l'intendance militaire.

§ 3. — *Remboursement des versements volontaires.*

32. Les demandes de militaires en activité tendant à obtenir le remboursement des versements volontaires opérés par eux doivent être visées par le conseil d'administration des corps, et adressées au directeur général de la caisse des dépôts et consignations, qui autorise ce remboursement et fait parvenir au déposant une lettre d'avis par la voie hiérarchique.

Le remboursement est effectué, soit par la caisse des dépôts et consignations dans le département de la Seine, soit par les préposés de cette caisse dans les autres départements, entre les mains du conseil d'administration du corps, qui en tient compte au déposant, suivant le formes déterminées pour le payement des primes.

33. Les remboursements demandés par des militaires faisant partie d'une armée hors du territoire de l'Empire français peuvent être effectués par les payeurs des armées, après que le directeur général de la caisse des dépôts et consignations en a informé le ministre des finances.

34. Si le remboursement a lieu après la libération des militaires, il leur est fait, soit à leur départ du corps, soit au lieu qu'ils ont désigné.

Dans ce dernier cas, ceux-ci adressent une demande, accompagnée de leur livret, au directeur général de la caisse des dépôts et consignations, qui autorise le receveur des finances de l'arrondissement où se trouve le lieu indiqué à effectuer le payement.

35. Dans le cas où le remboursement des versements

volontaires est réclamé par des héritiers, ceux-ci adressent leur demande au directeur général de la caisse des dépôts et consignations, en y joignant le livret du militaire et les pièces constatant leurs droits, suivant le mode établi par l'art. 28 ci-dessus.

Le payement est ordonné, s'il y a lieu, au profit de ces héritiers, et effectué par le receveur des finances de l'arrondissement de leur résidence.

§ 4. — *Remboursement des sommes versées avant l'appel.*

36. Les sommes versées par anticipation, soit par les jeunes gens, soit par des tiers en leur nom, en vue d'une exonération ultérieure, sont restituées aux ayants do it à l'époque de l'appel, sur la déclaration constatant qu'ils renonçent à l'exonération du service.

Il en est de même :

1° De l'excédant des sommes versées, qui est remboursé après le tirage au sort, lorsque ces sommes se trouvent supérieures, en capital et intérêts, au taux fixé par l'arrêté du ministre ;

2° Des sommes versées par les jeunes gens non compris dans le contingent de leur classe, qui justifient par un certificat délivré par le préfet, qu'ils sont exemptés du service ;

3° Des versements faits par des jeunes gens qui décèdent avant la formation du contingent de leur classe.

Ces divers remboursements sont effectués, capital et intérêts, par les préposés de la caisse des dépôts et consignations, sur la demande des parties adressée au directeur général de cette caisse avec les justifications nécessaires.

TITRE III.

De la forme des demandes d'exonération et des conditions de leur admission.

CHAPITRE Ier.

EXONÉRATION DES JEUNES GENS COMPRIS DANS LE CONTINGENT.

37. Le taux de la prestation individuelle exigée pour obtenir l'exonération du service est fixé par un arrêté du Ministre de la guerre, qui est publié et affiché dans chaque commune avant le tirage de la classe appelée.

38. Pendant les opérations de la formation du contingent cantonal, le préfet délivre successivement aux jeunes gens compris dans ce contingent, ou aux tiers qui en font la demande pour eux, un certificat qui indique leurs nom, prénoms, surnom, âge, lieu de naissance, domicile et profes-fession, ainsi que leur position sous le rapport du recrutement.

39. Les jeunes gens ou leurs représentants sont admis, sur la présentation de ce certificat, à verser à la caisse des dépôts et consignations, dans le département de la Seine, ou entre les mains de ses préposés dans les autres départements, le montant de la prestation individuelle fixée pour l'année, ou, s'il y a lieu, le complément nécessaire pour porter au chiffre fixé le montant, en capital et intérêts, des versements faits avant l'appel.

Dans ce dernier cas, ils doivent demander à la caisse des dépôts et consignations, par l'entremise des préposés de cette caisse, en échange des récépissés délivrés au titre de *versements faits avant l'appel,* une déclaration constatant le total résultant des versements opérés et des intérêts qu'ils ont produits.

40. Dix jours après l'époque fixée pour la clôture des opérations de recrutement de la classe, le conseil de révision de chaque département se réunit au chef-lieu et prononce, sur le vu des récépissés de versements, les exonérations qui ont été demandées.

Les récépissés des versements faits avant l'appel doivent être accompagnés d'un certificat de non-opposition, délivré par la caisse des dépôts et consignations, et affranchi du timbre.

Les décisions des conseils de révision sont définitives et irrévocables.

Elles sont inscrites, pour chaque classe, sur un registre spécial, et mentionnées sur la liste du contingent cantonal.

41. Le préfet délivre aux jeunes gens un certificat constatant qu'ils ont été exonérés du service.

42. Aussitôt qu'il a été statué sur toutes les demandes en exonération, les préfets adressent au Ministre de la guerre, chacun pour son département, un état numérique des exonérations effectuées, dont le chiffre est publié dans les comptes rendus annuels sur le recrutement.

CHAPITRE II.

EXONÉRATION DES MILITAIRES SOUS LES DRAPEAUX.

43. Les militaires sous les drapeaux, qui désirent obte-

nir l'exonération du service, en font la demande par la voie hiérarchique.

Les récépissés de versements sont présentés par eux au conseil d'administration du corps, qui prononce les exonérations.

Ces exonérations sont inscrites sur les contrôles du corps et donnent lieu à un acte spécial.

44. Le conseil d'administration du corps délivre aux militaires un certificat constatant qu'ils ont été exonérés du service.

A la fin de chaque trimestre, le corps adresse au Ministre de la guerre un relevé numérique des exonérations qui ont été autorisées et effectuées.

TITRE IV.

Des Rengagements et des Engagements volontaires après libération.

CHAPITRE Ier.

DES RENGAGEMENTS.

§ 1er. — *Dispositions générales.*

45. Les rengagements sont contractés sous les conditions et dans les formes voulues par la loi du 21 mars 1832 sur le recrutement de l'armée, par l'ordonnance du 28 avril 1832 et par celle du 15 janvier 1837, sauf les modifications prescrites par la loi du 26 avril 1855, et conformément aux dispositions ci-après.

Les militaires de l'armée active ou de la réserve, pour être admis à contracter un rengagement de trois à sept ans, doivent être dans le cours de la dernière année de leur service.

Toutefois, les militaires qui, après les sept années de leur service, sont retenus sous les drapeaux, en vertu de l'art. 30 de la loi du 21 mars 1832, sont admis à contracter un rengagement dont les effets remontent au jour de l'expiration de leur service.

46. Les actes de rengagement des militaires dans la réserve sont contractés devant le sous-intendant militaire de leur département.

A cet effet, ces militaires doivent produire :

1° Un certificat d'aptitude délivré par l'officier du recrutement, et portant qu'ils réunissent les qualités requises pour faire un bon service ;

2° Un certificat de bonne conduite délivré par leur ancien corps ;

3° Un certificat de bonnes vie et mœurs du maire de leur commune, s'ils sont absents de leur corps depuis plus de trois mois.

47. Les militaires rengagés ou engagés appartenant à des corps qui se recrutent par la voie des appels, et admis à la retraite pour cause de blessures ou d'infirmités avant la quatorzième année du service, ont droit, sur les sommes allouées pour leur rengagement, à une part proportionnelle à la durée du service qu'ils ont accompli en vertu de ce rengagement.

48. Les hautes payes de rengagement et les hautes payes de chevrons sont touchées simultanément, mais d'une ma-

nière distincte, par les ayants droit, suivant le mode actuellement en usage.

49 Lorsque les militaires en activité sont admis, dans leur dernière année de service, à contracter un rengagement de sept ans, ils ont droit immédiatement à la prime de rengagement. Mais la haute paye ne leur est acquise qu'au jour où commence l'effet de ce rengagement.

50. Les militaires qui comptent plus de sept ans de service ne sont pas admissibles à jouir des avantages attribués au premier rengagement de sept ans.

Dans ce cas, ils ont droit :

Pour chaque année de leur nouveau rengagement, jusqu'à quatorze ans de service accomplis, à l'annuité et à la haute paye journalière de 10 centimes.

51. L'absence illégale, l'envoi, à titre de punition, dans une compagnie de discipline, et la condamnation à une peine correctionnelle, entraînent la privation de la haute paye pendant la durée de l'absence ou de la peine.

CHAPITRE II.

DES ENGAGEMENTS VOLONTAIRES APRÈS LIBÉRATION, AUTORISÉS PAR L'ARTICLE 13 DE LA LOI DU 26 AVRIL 1855.

52. Les engagements volontaires après libération sont contractés sous les conditions et dans les formes prescrites par la loi du 21 mars 1832, par l'ordonnance du 28 avril 1832, et par celle du 15 janvier 1837, sauf les modifications établies par la loi du 26 avril 1855, et conformément aux dispositions ci-après.

53. Si l'engagé volontaire est libéré du service depuis plus de trois mois, il doit, outre les justifications exigées par les lois et ordonnances ci-dessus, présenter au maire qui reçoit son engagement un certificat de bonnes vie et mœurs, et un bulletin délivré par le greffier du tribunal civil de l'arrondissement où est le lieu de sa naissance, indiquant les renseignements qui auraient été inscrits à son nom sur les casiers judiciaires.

54. Le maire appelé à dresser l'acte d'engagement après libération donne, avant la signature de l'acte, lecture à l'engagé :

1° Des articles 2, 32, 33 et 34 de la loi du 21 mars 1832;

2° Des articles 17 et 18 de l'ordonnance du 28 avril 1832;

3° De l'article 1er de l'ordonnance du 15 janvier 1837;

4° Des articles 11, 12 et 13 de la loi du 26 avril 1855, et, s'il y a lieu, de l'arrêté du Ministre de la guerre qui aurait augmenté les allocations fixées par l'article 12;

5° De l'acte de l'engagement contracté.

Les certificats et autres pièces restent annexés à la minute de l'acte.

55. Les dispositions des articles 49, 50 et 51 du présent règlement, concernant les militaires en activité, sont applicables aux engagés volontaires après libération.

56. Le sous-intendant militaire, dès qu'il a reçu du maire ampliation de l'acte d'engagement volontaire après délibération, et qu'il en a reconnu la régularité, en adresse une expédition au préposé de la caisse des dépôts et consignations.

Au moment de la mise en route de l'engagé, il en envoie, au corps sur lequel celui-ci est dirigé, une autre expédition, où il inscrit en toutes lettres la somme payée par anticipation sur la prime.

TITRE V.

Des Remplacements par voie administrative et entre parents.

CHAPITRE Ier.

REMPLACEMENT PAR VOIE ADMINISTRATIVE.

57. Lorsque le nombre des rengagements et des engagements après délibération est insuffisant pour couvrir celui des exonérations, un arrêté du Ministre de la guerre, rendu sur la proposition de la commission supérieure de la dotation de l'armée, autorise les remplacements par voie administrative, et en détermine le prix ainsi que le mode de payement.

Cet arrêté est publié et affiché dans chaque commune.

58. Aussitôt après la réception de l'arrêté ministériel, les maires des communes, dans chaque département, ouvrent une liste sur laquelle sont inscrits les hommes qui se présentent pour remplacer.

Cette liste, revêtue de leur signature et accompagnée des pièces produites, est adressée par eux au sous-intendant militaire chargé du service du recrutement, aux époques qui sont déterminées par le Ministre de la guerre.

59. Le sous-intendant militaire adresse au Ministre de la guerre un relevé numérique général des hommes qui

se sont fait inscrire dans les communes du département pour remplacer.

60. D'après les résultats consignés dans les relevés numériques ci-dessus, le Ministre de la guerre fait connaître au général commandant la division, en même temps qu'au président de la commission spéciale instituée par l'article suivant, le nombre des remplaçants qui peuvent être admis dans chaque département.

61. Les remplaçants sont examinés par une commission spéciale, établie au chef-lieu de chaque département, et composée ainsi qu'il suit :

L'officier général ou supérieur commandant le département, président ;

Le sous-intendant militaire chargé du service du recrutement ;

Le commandant de la gendarmerie ;

Le commandant du dépôt de recrutement.

La commission est assistée d'un médecin militaire.

En cas de partage des voix, celle du président est prépondérante.

Les archives de la commission sont déposées et conservées au dépôt de recrutement du département.

62. Le remplaçant, outre les justifications prescrites par la loi du 21 mars 1832, doit présenter, avec les certificats exigés par l'art. 20 de ladite loi, un bulletin délivré par le greffier du tribunal civil de l'arrondissement où est le lieu de sa naissance, et indiquant les renseignements qui auraient été inscrits, à son nom, sur les casiers judiciaires.

Ce bulletin reste annexé au certificat du maire, après avoir été visé par lui.

63. Les hommes inscrits pour remplacer sont convoqués devant la commission spéciale de remplacement par lettre individuelle, que le sous-intendant militaire leur fait notifier par le maire du lieu de leur résidence.

64. Après vérification des pièces produites par le remplaçant et examen de son aptitude physique, la commission spéciale de remplacement prononce, s'il y a lieu, son admission.

Cette admission est constatée dans le procès-verbal de la séance, auquel est annexé l'acte de remplacement, rédigé séance tenante par le sous-intendant militaire, et signé tant par ce fonctionnaire que par le remplaçant.

Une expédition de cet acte est remise au remplaçant pour lui servir de titre.

65. La portion du prix de remplacement qui, suivant l'arrêté du Ministre de la guerre, doit être payée comptant, est soldée au moment où le remplacement est contracté.

Le payement en est effectué au chef-lieu du département par le préposé de la caisse des dépôts et consignations, sur le vu d'une expédition de l'acte de remplacement, adressée à ce préposé par le sous-intendant militaire, et constatant la somme à laquelle a droit le remplaçant.

Le préposé de la caisse des dépôts et consignations inscrit le payement effectué sur l'expédition de l'acte de remplacement dont le remplaçant est porteur, et en avise le sous-intendant militaire.

66. Mention est faite, en toutes lettres, sur le contrôle

signalétique, qui, au moment de la mise en route du remplaçant, est envoyé au corps sur lequel il est dirigé, de la somme payée par anticipation sur le prix du remplacement.

67. La somme payée au remplaçant est inscrite sur le registre-journal tenu au corps, en exécution de l'art. 30 du présent règlement.

Cette somme est également inscrite, aussitôt après l'incorporation du remplaçant, sur son livret individuel, par les soins du commandant de la compagnie, de l'escadron ou de la batterie.

68. Chaque mois, la commission spéciale de remplacement dresse, pour être déposée au dépôt de recrutement, la liste nominative des remplaçants qu'elle a admis pendant le mois précédent, et le sous-intendant militaire en envoie au Ministre de la guerre un état numérique.

CHAPITRE II.

REMPLACEMENT ENTRE PARENTS JUSQU'AU QUATRIÈME DEGRÉ.

69. Les remplacements entre frères, beaux-frères, oncles, neveux et cousins germains, autorisés par l'art. 10 de la loi du 26 avril 1855, sont constatés, suivant le degré de parenté, par la production des pièces désignées au bordereau (n° 15).

70. Il est statué sur ces remplacements par les conseils de révision, conformément aux prescriptions de la loi du 21 mars 1832 et aux dispositions de l'art. 62 du présent règlement.

TITRE VI.

Des Pensions.

CHAPITRE Ier.

DISPOSITIONS PRÉLIMINAIRES.

71. Les pensions auxquelles ont droit, en vertu des lois des 11 avril 1831 et 26 avril 1855, les sous-officiers, caporaux ou brigadiers et soldats de l'armée de terre, ou les titulaires d'emplois militaires qui leur sont assimilés, qu'ils appartiennent ou non à des corps qui se recrutent par la voie des appels, donnent lieu à la délivrance d'un titre unique et sont payées par les agents du Trésor, sous les mêmes conditions que les autres pensions militaires, sauf le remboursement à faire au Trésor des sommes qui doivent rester à la charge de la dotation, ainsi qu'il est réglé ci-après.

Ces mêmes dispositions sont applicables aux pensions et secours annuels accordés aux veuves et aux enfants orphelins des mêmes militaires.

72. L'augmentation du cinquième, concédée par l'art. 11 de la loi du 11 avril 1831, après douze ans de grade, s'établit tant sur la pension résultant de l'application de cette loi, que sur les 165 francs alloués en accroissement par l'art. 19 de la loi du 26 avril 1855.

73. Les droits au minimum et au maximum de la pension sont acquis à vingt-cinq et à quarante-cinq ans de service, par application des art. 19 et 9 combinés des lois des 26 avril 1855 et 11 avril 1831.

CHAPITRE II.

DES PENSIONS AUX SOUS-OFFICIERS, CAPORAUX, BRIGADIERS ET SOLDATS DES CORPS QUI SE RECRUTENT PAR LA VOIE DES APPELS.

74. Les pensions accordées, soit à titre d'ancienneté de service, soit pour blessures ou infirmités, aux sous-officiers, caporaux ou brigadiers et soldats des corps qui se recrutent par la voie des appels, sont l'objet d'une seule concession, dont le chiffre est déterminé conformément aux dispositions combinées des lois des 11 avril 1831 et 26 avril 1855.

Néanmoins, la liquidation et le décret de concession font connaître, d'une manière distincte :

1° Le chiffre de la même pension calculée d'après la loi du 11 avril 1831;

2° L'excédant résultant de l'application de la loi du 26 avril 1855.

75. L'excédant ci-dessus constitue la part contributive de la dotation de l'armée, aux termes de l'art. 20 de la loi du 26 avril 1855.

Il se compose :

Pour les militaires,

Des 165 francs ajoutés au minimum et au maximum de pension par l'art. 19 de la loi du 26 avril 1855,

Et, lorsqu'il y a lieu, du cinquième de cette somme (art. 11 de la loi du 11 avril 1831);

Pour les veuves et les orphelins,

Du quart de la somme de 165 francs susindiquée.

76. Les remboursements de la part contributive de la dotation de l'armée sont opérés tous les trois mois par la caisse des dépôts et consignations, pour le compte de la dotation, d'après les états des payements effectifs qui auront eu lieu dans le trimestre, contrôlés et certifiés par le ministère des finances.

CHAPITRE III.

DISPOSITIONS D'ORDRE.

77. Le ministre des finances adresse, tous les trois mois, par l'intermédiaire du ministre de la guerre, à la commission supérieure de la dotation de l'armée, un état des extinctions et suspensions survenues pendant chaque trimestre, concernant les pensions concédées aux militaires des corps qui se recrutent par la voie des appels, ainsi qu'à leurs veuves ou enfants orphelins.

Cet état indique, outre les noms des titulaires et la quotité de leur pension ou secours annuel :

1° Leur domicile ;

2° La cause qui a donné lieu à l'extinction ou à la suspension ;

3° La date de la cessation de la pension ou du secours.

Le même état fait connaître le rétablissement des pensions dont le payement aurait été suspendu.

78. La caisse de la dotation de l'armée verse au Trésor sa part contributive sur les pensions attribuées à ceux de ces militaires, provenant des corps se recrutant par la voie des appels, qui sont admis à l'Hôtel impérial des invalides.

TITRE VII.

Des dispositions particulières aux corps de l'armée de mer qui se recrutent par la voie des appels.

79. Les dispositions du présent règlement d'administration publique sont applicables aux hommes des corps de l'armée de mer mentionnés au tableau n° 1, sauf les modifications qui résultent de l'intervention nécessaire des fonctionnaires du département de la marine et de la caisse des invalides de la marine.

80. Le Ministre de la marine fait connaître en temps utile, au Ministre de la guerre, le nombre des rengagements et des engagements volontaires après libération contractés dans les corps de l'armée de mer, afin qu'il puisse les comprendre, mais d'une manière distincte, dans les prévisions et les documents à communiquer à la commission supérieure de la dotation, ainsi que dans les comptes annuels à publier.

81. Les primes et les hautes payes de rengagement attribuées aux militaires des troupes de la marine provenant des appels sont payées sur les fonds généraux de ces corps, à titre d'avance, suivant les formes prescrites par les art. 26, 27 et 28 du présent règlement.

En ce qui concerne les équipages de ligne, qui n'ont pas de fonds propres, les avances sont faites par la caisse des invalides, soit au moment de l'engagement ou de l'incorporation pour les hommes présents en France, soit à leur retour pour les marins en cours de campagne.

82. Les avances faites par les corps de troupes de la marine, pour le compte de la dotation de l'armée, sont rem-

boursées d'après le mode prescrit par l'art. 29 du présent règlement.

Les avances faites, au même titre, par la caisse des invalides de la marine sont remboursées, aux mêmes époques, dans les mains des trésoriers de ladite caisse, sur présentation d'un bordereau récapitulatif dûment arrêté par le commissaire de l'inscription maritime, et auquel sont annexées les feuilles individuelles mentionnées dans l'art. 29.

Les dépenses et les recettes effectuées par les corps, pour le compte de la dotation de l'armée, sont inscrites ainsi qu'il est spécifié par l'art. 30 du présent règlement.

Les trésoriers de la caisse des invalides tiennent un compte spécial des dépenses et des recettes effectuées au même titre.

83. Le remboursement des avances faites au titre des pensions, par la caisse des invalides de la marine, est opéré suivant le mode prescrit par les art. 74, 75 et 76 du présent règlement.

84. Nos ministres secrétaires d'Etat aux départements de la guerre, de la marine et des colonies, et des finances, sont chargés, chacun en ce qui le concerne, de l'exécution du présent décret.

Fait au palais des Tuileries, le 9 janvier 1856.

NAPOLÉON.

Par l'Empereur :

Le Maréchal de France, Ministre secrétaire d'État de la guerre,

VAILLANT.

TABLE DES MATIÈRES.

A la même Librairie :

Guide du Déposant à la Caisse de retraites pour la vieillesse, précédé des lois du 26 juin 1850 et du 28 mai 1853, et du décret du 18 août 1853, et suivi de Tarifs et Calculs détaillés pour tous les âges ; par E. BEAUVISAGE, Secrétaire du cabinet du Directeur général de la Caisse des dépôts et consignations. *Septième édition*, publiée avec l'approbation de M. le Directeur général de la Caisse des dépôts et consignations. In-8°. 25 cent., *par la poste*, 35 cent.

Règlement d'administration publique pour l'exécution de la loi du 26 avril 1855, relative à la création d'une Dotation de l'armée, au rengagement, au remplacement et aux pensions militaires. (9 janvier 1856.) In-18. 75 cent.

— *Journal militaire*, 1er sem., 1856, n° 4. In-8°. 1 fr. 50

— Petit in-folio (Imprimerie impériale). 4 fr.

Manuel encyclopédique du Recrutement et de la Réserve de l'armée, à l'usage de tous les fonctionnaires civils et militaires ; ouvrage également utile aux pères de familles, contenant :

1° La loi sur le recrutement de l'armée ; l'ordonnance sur les engagements volontaires ; l'ordonnance sur l'organisation de la réserve ;

2° L'instruction relative aux opérations préliminaires pour la formation des contingents annuels affectés au recrutement des troupes de terre et de mer ; l'instruction explicative de l'ordonnance sur les engagements volontaires ; l'instruction relative à l'insoumission ; l'instruction sur la réserve ;

3° La collection des modèles des actes, bordereaux, certificats, etc., qui doivent être établis par les autorités civiles et militaires ;

4° Une note détaillée sur l'organisation de l'armée. 1 vol. in-18. 1848. 2 fr.

Recueil des dispositions des lois, décrets, ordonnances et décisions ministérielles sur l'État civil, applicables aux militaires de toutes armes à l'intérieur et aux armées. Naissances, Mariages, Décès, Testaments et Successions ; suivis de nouvelles instructions relatives aux actes de décès des militaires (8 novembre 1855 et note ministérielle du 7 décembre 1855) ; par A. GARREL, commis principal au Ministère de la guerre. 1 vol. in-18. 1856. 75 cent.

Franco, par la poste, 1 fr.

Recueil des dispositions relatives aux Honneurs et Préséances militaires qui ont modifié le décret impérial du 24 messidor an 12, sur les cérémonies publiques, préséances, honneurs civils et militaires ; par Al. GARREL, commis principal au Ministère de la guerre. 1 vol. in-18. 1853. 50 cent.

Imp. de Cosse et J. Dumaine, r. Christine, 2.

www.ingramcontent.com/pod-product-compliance
Lightning Source LLC
LaVergne TN
LVHW020433230826
846091LV00004B/1477

9782011911131